나의 주 성령

나의 주 성령

Copyright ⓒ 새세대 2023

초판 발행 ㅣ 2023년 1월 9일

지은이 ㅣ 곽요셉
펴낸곳 ㅣ 도서출판 새세대
발행인 ㅣ 곽요셉
이메일 ㅣ churchgrowth@hanmail.net
홈페이지 ㅣ www.newgenacademy.org
출판등록 ㅣ 2009년 12월 18일 제20009-000055호
주소 ㅣ 경기도 성남시 분당구 정자동 210-1
전화 ㅣ 031)761-0338 팩스 031)761-1340

ISBN 979-11-88604-11-1 (03230)

잘못된 책은 구입처에서 교환해 드립니다.
책값은 뒤표지에 있습니다.

곽요셉
목사
설교집

나의 주 성령

곽요셉 지음

EDEN PARADIS

도서
출판 **새세대**

성령의 역사는 눈에 보이지 않지만, 항상 영적이고 인격적으로 나타납니다. 진리의 영이신 보혜사 성령께서 우리 안에 계심으로 영적으로, 인격적으로 우리를 변화시키십니다. 이 것이 성경 진리며 복음이 선포하는 바인데, 성령에 대한 여러 오해는 여기서 빗나가기 때문에 생깁니다. 즉 성령께서 다 알아서 해주시니 인간은 가만히 있어도 된다거나, 마술적인 신비로운 방식으로 모든 것이 저절로 잘되게 한다는 것은 성령에 대한 그릇된 생각입니다. 또 전기코드에 플러그를 꽂으면 불이 켜지듯이 기계적으로 기적적인 일들이 일어나는 체험을 하게 된다는 것도 성령에 대한 무지로 인한 것입니다. 특히 성령 충만과 방언 받는 것을 동일시하는 것이야말로 대표적인 성령에 대한 잘못된 지식입니다.

성령의 존재와 역사가 실재인 것처럼, 사탄의 존재와 역사도 실재한다는 사실을 인식해야 합니다. 사탄이 적극적으로 성령의 존재와 역사와 능력을 왜곡시키고 방해함으로 오늘날 교회와 그리스도인이 잘못된 신앙생활을 하는 것을 쉽게 발견합니다. 하나님의 자녀라고 하면서 성령을 인식하지도, 성령 충만함을 구하지도, 성령께 순종하거나 기도하지도 않으니 잘못되었습니다. 심지어 교회도 성령 충만함으로 하나님의 교회로 세워지는데, 성령의 능력보다 인간의 지혜와 능력과 프로그램을 더 의존하니 복음의 능력을 잃어버린 것입니다.

그러므로 성령의 역사를 인식함에 있어서 중요한 것은 성령의 역사가 없이는 어느 누구도 하나님의 자녀가 될 수도, 하나님의 복을 누리거나 하나님께 영광 돌릴 수도 없다는 것입니다. 천국에 들어갈 수도, 영생의 삶을 누릴 수도 없으니 단지 종교인의 삶을 살게 될 뿐입니다. 그래서 교회와 그리스도인에게 성령의 역사는 절대적입니다. 성령의 역사 없이는 성경에서 하나님의 말씀을 듣거나, 하나님의 의와 구원에 이르는 참된 믿음을 얻을 수가 없다는 사실을 잊지 말아야 합니다.

기억할 것은, 성령은 항상 예수 그리스도에게로 우리를 인도하신다는 것입니다. 동시에 성령은 하나님의 깊은 것까지도 아시는 유일하신 분이므로 하나님이 누구신지 또 하나님의 뜻이 무엇인지 계시해 주십니다. 이 성령이 우리 안에 계십니다. 성령 하나님이 내 안에 계셔서 교통하신다는 믿음으로부터 기도와 전도, 찬양과 감사가 시작됩니다. 매일매일 성령께 삶을 의탁하고 순종함으로 하나님의 일에 힘쓰는 중에 하나님께 영광 돌리는 승리의 삶을 살아가게 됩니다.

이 책을 통해 성령을 아는 바른 지식을 가짐으로 날마다 성령 충만을 사모하며 성령께 사로잡히는 삶 속에 하나님의 자녀답게 하나님의 영광을 구하고 예수님과 동행하는 오늘을 살아가시기를 간절히 소망합니다.

차 례

01
———

성령
하나님

주 예수 그리스도의 은혜와
하나님의 사랑과 성령의 교통하심이
너희 무리와 함께 있을지어다
고린도후서 13:13

성령
하나님

저명한 부흥강사였던 빌리 그레이엄 목사님이 집회를 인
도하러 간 교회에서 그 교회 담임 목사님과 나눈 이야기입니
다. 그 교회에 술주정뱅이 교인이 몇몇 있었는데, 목사님은
아무리 설교해도 전혀 변화되지 않는 그들로 인해 근심이 많
았습니다. 그러면서 언제나 술에 취해 있는 그 사람들이 너무
나 안타까워 직접 만나서 많은 권면도 했지만 전혀 받아들여
지지 않자 결국에는 전교인이 투표를 실시해서 그 술주정뱅
이 교인들을 교회에서 추방하기로 결의를 했다고 했습니다.
잠자코 그 말을 듣던 빌리 그레이엄 목사님께서 이렇게 말했
다고 합니다. "아, 그렇군요. 그런 일이 있었군요. 그런데 이

교회에 많은 사람이 성령에 취해 있는지에 대하여 투표한 적이 있습니까? 세상 술에 취해 있는 것도 문제지만, 교회의 더 큰 문제는 성령에 취해 있지 못함에 있습니다." 깊이 생각해 보시기 바랍니다.

성령의 역사와 그리스도인의 삶

성도 여러분, 성령 충만을 간절히 간구하며, 성령 충만을 경험해 보신 적이 있으십니까? 성령의 사람으로 성령께 삶을 의탁하고, 성령께 순종하며 오늘을 살아가십니까? 성령의 존재와 역사에 대하여 얼마나 바른 인식과 믿음을 가지고 오늘을 살아가십니까? 성령은 누구시며, 성령의 역사는 무엇입니까? 성령께서 내게 어떤 영향력을 끼치고 있습니까? 성령의 증인으로, 성령을 통하여 살아 계신 그리스도와 함께하는 삶을 살아가고 있습니까? 성도 여러분, 성령의 역사 없이는 어느 누구도 하나님의 자녀가 될 수 없고, 하나님의 복을 누릴 수도 없고, 하나님께 영광 돌릴 수도 없습니다. 무엇보다도 천국에 들어갈 수 없습니다. 단지 종교인일 뿐입니다. 성령의 역사 없이는 단지 종교인의 삶을 사는 것으로, 구원받은 하나님의 자녀가 될 수 없습니다. 그런고로 성령의 중요성을 우리는 항상 인식해야 합니다.

교회와 그리스도인에게 성령의 역사는 절대적인 것입니다. 성령의 역사가 없이는 하나님의 의와 가치를 알 수 없고, 하나님의 의를 받을 수도 없습니다. 성령의 역사가 없으면 영생을 받을 수도, 영생의 삶을 살아갈 수도 없습니다. 성령의 역사가 없으면 성경에서 좋은 말씀은 받아들여도 하나님의 말씀을 들을 수는 없습니다. 성령의 역사 없이는 구원에 이르는 참된 믿음을 얻을 수가 없다는 사실을 알아야 합니다. 그러므로 그리스도인은 먼저 성령에 대해서 이렇게 질문해야 합니다. 성령님은 누구십니까? 그리고 그 답을 성경 안에서 발견해야 합니다. 오직 성경 안에서 찾고, 발견해야 합니다.

오늘날 목회자와 신학자와 성도를 비롯한 많은 사람이 개인의 체험을 통해서, 또는 다른 사람들의 증언을 통해서 성령에 대한 잘못된 인식을 갖고 잘못된 신앙생활을 하는 것을 자주 봅니다. 예를 들면, 성령은 유일하신 성령님(the Holy Spirit)입니다. 오직 한 분인 성령님입니다. 그런데 많은 분들 중의 한 분으로 받아들이는 것이 문제입니다. 여러 종교와 세상의 다양한 영들을 성령으로 착각하는 경우가 많습니다. 또 하나의 문제는 특정 교단에서 가르치는 신학에 빠져 그것이 성령에 대한 전부라고 생각하는 것입니다. 부분적 이해 때문에 믿음이 잘못되는 것을 우리 주변에서 너무나 많이 봅니다. 그런가 하면, 세상의 수많은 종교에서 영적 활동을 가르치고 증언합니다. 그것을 성령으로 착각합니다. 하지만 전혀 아닙니다. 때로는 많은 그리스도인이 천사를 성령으로 생각합니다. 이 또한 아닙니다. 철학적 사고를 가진 많은 사람은 인간의 영을 성령으로 잘못 오해하기도 합니다. 이런 것이 아닙니다. 성경에서 계시하는 성령은 오직 하나입니다. 하나님이십니다. 이것을 잊어서는 안 됩니다. 성령 하나님을 계시하십니다. 그래서 '주 성령'이라고 선포합니다. 주 여호와 하나님, 주 예수 그리스도, 주 성령이라는 삼위일체 하나님에 대한 바른 이해와 믿음을 가져야 그가 구원에 이르는, 믿음을 갖고 살아가는 하나님의 자녀입니다.

다시 말씀드립니다. 삼위일체 하나님의 한 분으로서 성령하나님을 받아들여야 됩니다. 성령을 삼위일체 하나님과는 별개로 연구하면 맞을 때도 있지만, 틀릴 때가 너무나 많습니다. 물론 하나님에 대해서도 마찬가지입니다. 삼위일체 하나님의 한 분으로 하나님을 이해해야지, 하나님만 분리시키면 다른 종교가 됩니다. 대표적인 것이 유대 종교입니다. 예수님도 삼위일체의 한 분으로 받아들여야지, 그렇지 않으면 오직 예수님이라고 하면서도 잘못된 복음주의가 됩니다. 삼위일체 하나님의 한 분인 성령 하나님에 대한 바른 믿음을 갖고 오늘을 살아가야 합니다.

창세 전부터 역사하시는 성령

사도행전 5장 3절과 4절에 있는 하나님의 말씀입니다. "베드로가 이르되 아나니아야 어찌하여 사탄이 네 마음에 가득하여 네가 성령을 속이고 땅 값 얼마를 감추었느냐 땅이 그대로 있을 때에는 네 땅이 아니며 판 후에도 네 마음대로 할 수가 없더냐 어찌하여 이 일을 네 마음에 두었느냐 사람에게 거짓말한 것이 아니요 하나님께로다." 사도 베드로가 성령 충만하여 성령 하나님을 계시하고 있습니다. 분명 '성령을 속인 것은 곧 하나님을 속인 것'이라고 성령과 하나님 아버지를 동일시합니다. 또한 마태복음 28장 19절은 예수님께서 승천하시며 주신 고귀한 말씀입니다. "그러므로 너희는 가서 모든 족속을 제자로 삼아 아버지와 아들과 성령의 이름으로 세례를 베풀고." 우리가 세례 받는 것은 삼위일체 하나님에 대한 믿음의 고백입니다. 삼위일체 하나님의 권위로 세례를 줍니다. 하나님, 예수님, 성령님은 한 분입니다. 또한 사도신경을 우리는 고백합니다. 사도신경 안에 교회 일치와 삼위일체 하나님에 대한 신앙고백이 있습니다. 하나님, 예수님, 성령님에 대한 존재와 역사를 우리는 고백하고 믿습니다. 이것이 구원에 이르는 믿음입니다. 본문이 그것을 말씀해 줍니다. 이것이 강복 선언입니다. "주 예수 그리스도의 은혜와 하나님의 사랑과 성령의 교통하심" 곧 삼위일체 하나님의 복을 선포함으로 우리는 복을 받습니다. 영적인 복을 받고 누리며 오늘을 살아갑니다. 이것을 잊어서는 안 됩니다.

성도 여러분, 오늘날 많은 목회자와 성도가 성령과 관련해서 오순절 성령강림부터 생각합니다. 신약성경에 대한 신학 지식이 좀 있으면 사도행전 2장을 가지고 오순절 날 성령이 강림하셔서 이 땅에 오셨다고 생각합니다. 이것을 특정 교단에서 강조하면서 영향을 많이 끼쳤습니다. 그런데 잘못되었습니다. 먼저 성경에서 항상 확인하십시오. 성경은 말씀합니다. 창세 전부터 영원까지 성령은 존재하시고 역사하십니다. 창세기 1장 1절과 2절의 말씀입니다. "태초에 하나님이 천지를 창조하시니라 땅이 혼돈하고 공허하며 흑암이 깊음 위에 있고 하나님의 영은 수면 위에 운행하시니라." 하나님의 영은 성령을 말합니다. 성령 하나님께서 창세 전에 창조 사역을 하셨다고 성경은 말씀합니다. 그런데 잘못된 성령에 대한 지식을 가지고 오순절에 성령이 오셨고 그때부터 성령이 계셨다고 하니, 참 어처구니없는 이야기입니다. 그 결과로 잘못된 신앙생활을 합니다.

간단히 생각해 보십시오. 성경은 성령의 감동으로 되었다고 우리는 알고 있습니다. 그 성경은 구약과 신약 모두를 말하지만, 먼저 구약을 가리킵니다. 이미 성령께서는 창세 전부터 역사하시고 활동하셨습니다. 다른 예를 들어볼까요? 그러면 구약에서 다윗이나 아브라함은 어떻게 구원받았습니까? 성령께서 역사하셨기 때문입니다. 시편을 비롯해서 구약을 읽어보면 '주의 영'처럼 성령의 다른 표현이 가득 나타납니다. 이미 성령께서 활동하셨습니다. 이를 잊어서는 안 됩니다.

성경 전체는 처음부터 계속해서 오직 한 분인 여호와 하나님을 선포합니다. 오직 한 분인 유일하신 하나님, 그러나 동시에 삼위일체 하나님을 계시합니다. 문자적으로 보면 성경에 오직 한 분인 여호와 하나님은 많이 기록되어 있지만, 삼위일체라는 단어는 한 번도 나타나지 않습니다. 여기서 문자에 매여 하나님의 말씀을 듣지 못합니다. 성경 기록 안에서 말씀이 계시되어야 하는데, 성경을 잘못 봅니다. 여러분 중에는 과거에 또는 지금도 고민하시는 분이 많을 것 같습니다. '도대체 삼위일체 하나님이 왜 이렇게 중요한가? 난 잘 못 믿겠고 이해도 안 되는데 어떻게 이해하지? 예수님만 믿고 구원받으면 되는데, 왜 이렇게 복잡하게 만들어.' 특히 초신자나 불신자들에게는 큰 장벽과 같습니다. 결론부터 말씀드립니다. 논리적 이해로는 삼위일체 하나님을 이해할 수 없습니다. 그래서 불신앙에 빠집니다.

제 간증을 말씀드리겠습니다. 신학교에 들어가기 전에 삼위일체 하나님에 대한 믿음을 가져야 되는데, 말로는 믿었지만 이해가 안 되었습니다. 저처럼 고민하는 사람도 드뭅니다. 도대체 논리적으로 이해가 안 됩니다. 그리고 논리적으로 설명할 수가 없었습니다. 설득시킬 수가 없었습니다. 그래서 제가 신학교에서 여러 미국 교수님들을 괴롭혔습니다. 수없이 질문하다 보면 자신도 거기까지는 모른다고 합니다. 설명하지 못합니다. 믿기는 하는데 말이지요. 그런 과정을 통해서 답을 얻었습니다. 성경 안에서 삼위일체 하나님은 믿어지는 것입니다. 믿음으로 이해가 가능한 것이지, 믿기 전에 이해가 선행되는 법은 결코 없습니다. 절대 안 되는 일입니다. 그런고로 삼위일체 하나님이 믿어지는 것이 은혜입니다. 참 은혜의 본질은 여기에서부터 출발합니다. 삼위일체 하나님이 믿어지고 고백됩니다. '삼위일체 하나님께서 나를 사랑하시고 인간을 구원하기 위해서 구원의 역사를 일으키신다. 세상으로 찾아오셨다.' 이것이 기독교의 복음입니다. 오직 기독교입니다. 세상 종교는 어떻습니까? 삼위일체 하나님을 모릅니다. 단지 인간이 신께 나갑니다. 끝없이 신을 향해서 고뇌하고 고행하며 결단하고 깨닫습니다. 선행으로 나갑니다. 하지만 기독교 신앙은 정반대입니다. 이것을 분명히 알아야 합니다.

삼위일체 하나님에 대한 바른 이해

역사적으로 볼 때, 기독교 안에 잘못된 믿음을 가지고 잘못된 신앙생활을 하는 가장 본질적인 원인이 무엇일까요? 성경의 답은 이것입니다. 삼위일체 하나님에 대한 이해가 잘못되었기 때문입니다. 정말 그렇습니다. 잘못된 신앙생활로 결국 구원과 멀어집니다. 예를 들어보겠습니다. 세상의 모든 이단은 삼위일체 하나님을 잘못 압니다. 하나님과 예수님과 성령님은 잘 아는데, 이게 항상 분리됩니다. 그러면 결국 사탄의 역사 속에 하나님께 순종하지 않습니다. 삼위일체 하나님을 찬양하지 않습니다. 더 나가서 생각해 볼까요? 세상 모든 종교의 그 뛰어난 창시자들도 삼위일체 하나님은 모릅니다. 도대체 이해할 수가 없습니다. 그래서 안 믿습니다.

성도 여러분, 신약성경을 읽을 때마다 수없이 발견하는 부분이 있습니다. 신약성경에서 가장 큰 문제로 계시된 것이 바로 예수 그리스도를 부인하는 것입니다. 나를 사랑한다고 하는 말씀은 다 좋은데, 도대체 성육신하신 하나님은 못 믿습니다. 어떻게 말씀이 육신이 되고, 하나님께서 인간이 될 수 있느냐며 못 믿는다고 합니다. 그런데도 예수님은 좋다고 합니다. 오늘도 세상 사람들이 예수님을 좋아하는데, 도대체 어떤 예수님을 좋아합니까? 삼위일체 하나님은 예수님이 아니라고 합니다. 성육신하신 하나님을 못 믿는데, 이것이 잘못되었습니다. 그러면서도 십자가는 믿습니다. 예수님이 그렇게 위대한 의인의 삶을 살았다는 것에 너무나 좋아합니다. 그런데 부활은 믿을 수가 없습니다. 그것은 바른 믿음이 아닙니다. 어떻게 죽은 자가 부활하느냐며 거기에 승천은 더 안 믿습니다. 어디서 잘못된 것입니까? 삼위일체 하나님으로서의 예수님을 아직 믿지 않기 때문입니다. 알지 않기로 작정했습니다. 그래서 이단에 빠집니다.

성도 여러분, 종교개혁이란 바로 삼위일체 하나님의 선포로부터 시작됩니다. 특별히 성령 하나님을 강조합니다. 종교개혁 시기를 생각해 보면, 역사적으로 가톨릭이 완전히 삐뚤어져 타 종교가 되었습니다. 성령 하나님이 나타나지 않습니다. 문헌에도 없습니다. 그러다 보니 교회가 제도적 교회가 됩니다. 오늘같이 교황, 성모 마리아, 수많은 추기경, 인간이 만든 전통, 관습 등 그럴듯한 제도를 만들어버렸습니다. 이것을 알아야 합니다. 기억해야 됩니다. 성령이 없다면 교회는 항상 제도적 교회가 됩니다. 그것을 종교라고 합니다. 성령이 계시다면 그런 것이 필요 없습니다. 그러니까 성령이 계시지 않고, 성령의 역사를 인식하지 못함으로 결국 복음이 실종됩니다. 그래서 종교개혁자들은 '삼위일체 하나님께서 우리에게 약속하신 구원은 오직 복음의 역사다'라고 오직 복음을 선포합니다. 그 복음은 삼위일체 하나님의 역사를 말합니다. '하나님께서 예수님을 보내셨고, 예수님은 하나님에게서 온 분으로 우리의 구주이시다. 성령께서 이 진실을 우리에게 깨우쳐 주신다.' 삼위일체 하나님의 복음을 선포한 것입니다.

예수님의 십자가와 부활도 성경을 깊이 읽어보시면, 성령의 역사입니다. 삼위일체 하나님의 역사에 있다는 것을 발견합니다. 성도 여러분, 삼위일체 신앙을 분리시키는 것, 삼위일체 하나님을 분리시키는 것은 사탄의 역사입니다. 아주 교묘하게 나도 모르는 사이에 그렇게 빠지고, 그런 습관을 갖게 됩니다. 절대 안 됩니다. 삼위일체 하나님은 항상 연합해 계십니다. 그래서 하나님을 말하면 삼위일체의 하나님으로, 예수님을 생각하면 삼위일체 예수님으로, 성령을 가리킬 때는 삼위일체 성령으로 이해되고 믿어야 합니다. 이것이 구원에 이르는 믿음입니다. 모든 구원받은 믿음은 삼위일체 하나님 안에서 생깁니다. 특별히 성령의 역사로 됩니다. 기도 또한 그렇습니다. 우리가 '하나님'을 부르지만, 우리는 하나님께 곧바로 못 갑니다. 예수님께도 곧바로 못갑니다. 예수님은 하나님 우편에 앉아 계십니다. 그래서 성령이 곧바로 갈 수 있습니다. 성령께서 우리로 깨어 기도하게 하시며, 예수 그리스도께로 인도하셔서 예수 그리스도를 아는 지식에 충만하게 이르게 하십니다. 예수 그리스도 안에서 하나님께로 인도하십니다. 이것이 삼위일체 하나님의 역사입니다. 기도생활을 비롯한 모든 신앙생활은 성령의 역사로 된 삼위일체 신앙의 응답이며 행위입니다. 정말 중요합니다.

삼위일체 하나님과 바른 신앙생활

이 삼위일체 하나님에 대한 바른 믿음을 가지려면 삼위일체 하나님의 존재의 차이, 사역의 구분을 분별해야 합니다. 그래야 분명한 삼위일체 신앙을 갖고 바른 신앙생활을 할 수 있습니다. 가장 중요한 세 가지만 말씀드리겠습니다. 존재에 대해서 생각해 보십시오. 첫째, 하나님은 누구십니까? 많은 하나님에 대한 호칭이 있습니다. 그러나 예수님께서 수없이 강조하신 것은 이것입니다. 복음 안에서 우리에게 선포하신 것은 예수님을 보내신 분, 예수님이 알려주신 하나님입니다. 요한복음 3장 16절을 생각해 보십시오. "하나님이 세상을 이 처럼 사랑하사 독생자를 주셨으니." 우리는 하나님이 세상을 이처럼 사랑하신 것에서 멈추는데, 그러면 반쪽 복음이 되고 맙니다. 그보다 더 중요한 것은 독생자를 주신 분이 하나님이 시라는 것입니다. 예수님은 그것을 끝없이 반복하시는데, 사람들은 계속 창조주이며 역사의 주인이신 하나님에게 초점을 맞추면서 빗나가기 시작합니다. 예수님을 보내신 분이 하나님이시며, 그분이 하나님 아버지입니다.

그럼 둘째로 예수님은 누구입니까? 하나님으로부터 오신 분입니다. 예수님은 하나님을 이렇게 소개하십니다. "나를 보내신 분을 믿으라." 예수님은 하나님으로부터 온 분입니다. 철저히 예수님의 종말론적 기도로 유언과도 같은 기도를 기록한 요한복음 17장에서도 창조주이며 역사의 주인 정도로만 말하지 않습니다. '나를 보내신 분', '내가 아버지로부터 온 것'을 저들이 믿어야 한다고 하십니다. 그래서 구원받습니다. 예수님은 하나님께로부터 오신 분입니다. 그것이 존재의 구별입니다. 성령님은 이 놀라운 신비를 깨닫고 믿게 하십니다. 성령이 아니고는 도대체가 이게 믿어지지 않습니다. 이해되지 않습니다. 더 중요한 사실은 이것입니다. 예수님은 '성령으로 잉태'하셨습니다. 솔직히 기가 막힌 말씀이지만, 이것으로 구분됩니다. 존재가 확실히 구분됩니다. 그 속에서 삼위일체 하나님의 신비, 연합을 비로소 믿고 확신하게 됩니다.

그리고 사역에 대해서 예수님은 항상 하나님께 종속되어 있으십니다. 하나님께 철저하게 속하고 연합되어 있으십니다. 그래서 예수님의 사역 전체를 생각해 보십시오. 자신의 말씀을 하신 적이 한 번도 없습니다. 자신이 자기 자신을 위해서 기적을 쓰신 적이 한 번도 없으십니다. 모든 기적은 하나님의 영광과 하나님의 말씀을 위해서였습니다. 그분은 철저하게 하나님의 말씀만을 전하셨습니다. 철저하게 하나님께 종속되어 계십니다. 그러니까 하나님의 이름을 높이시기위하여 예수님은 사역하셨습니다. 이게 구분됩니다. 성령님은 하나님과 예수님께 종속되어 있으십니다. 그래서 성경을 읽으면 그리스도의 영, 하나님의 영으로 성령이 소개됩니다. 왜냐하면 하나님께로부터 온 영, 그리고 예수님의 영이 성령이십니다. 이 안에서 삼위일체가 이루어집니다.

성령께서는 항상 예수 그리스도께로만 우리를 인도하십니다. 예수님께서 요한복음 16장을 통해서 말씀하십니다. 그분이 오시면 자의로 말씀하지 않으십니다. "오직 내 영광을 나타내리라." 항상 성령께서는 우리를 예수 그리스도께로 인도 하십니다. 동시에 성령은 하나님의 뜻을 밝혀주십니다. 성령 은 하나님의 깊은 것까지도 아시는 유일하신 분입니다. 그래 서 하나님이 누구신지, 그 뜻을 우리에게 계시해 주십니다. 이처럼 철저하게 서로 종속되어 있습니다. 그것이 사역의 구 분입니다.

그리고 셋째, 성령 하나님은 누구입니까? 성령께서는 우리 안에 계신 분입니다. 이것을 절대 잊어서는 안 됩니다. 자, 이 렇게 생각해 보십시오. 창조주 하나님은 우리 밖에 계신 분 입니다. 항상 우리 밖에 계신 분입니다. 부활하신 그리스도 도 우리 밖에 계신 분입니다. 하나님의 우편에 앉으신 분입니 다. 그런데 성령 하나님은 우리 안에 계신 분입니다. 어떻게 보면, 삼위일체 하나님 안에서 가장 중요한, 가장 가까이 지 낼 분이 성령 하나님이십니다. 본문은 그것을 말씀해 줍니다. "성령의 교통하심과." 절대 잊어서는 안 됩니다. 여기서 '교 통'은 통했다는 말입니다. 다른 번역본을 보면 사귐이나 친 교로 기록합니다. 성령께서 내주하셔서 우리 안에 영생을 주 시고, 영생을 통해서 교통하고 계십니다. 그런데 어떻게 그리 스도인이 성령을 의존하지 않을 수 있겠습니까? 어떻게 성령 을 의식하지 않고 기도 생활을 하고 신앙생활을 하며 하나님의 말씀을 묵상합니까? 모순입니다. 잘못된 신앙생활입니다.

성도 여러분, 하나님은 보이지 않는 분입니다. 그러나 우리가 알 수 있습니다. 성령께서 알게 해주십니다. 참으로 신비로운 일인데, 고린도전서 6장 19절 말씀을 보십시오. "너희 몸은 너희가 하나님께로부터 받은 바 너희 가운데 계신 성령의 전인 줄을 알지 못하느냐." 오직 그리스도인을 말합니다. 정말 거듭난 그리스도인은 우리 안에 성령이 계심을 압니다. 알 수밖에 없습니다. 성령께서 알게 해주시니까요. 얼마나 중요한 문제입니까? 거듭남의 역사, 성령의 역사입니다. 성령께서 우리 안에 영생을 창조해 주십니다. 그 영생을 통해서 교통하며, 성령의 인도하심을 받아 예수 그리스도께로, 하나님께로 나아가게 하십니다. 그것이 그리스도인의 삶입니다. 그런데 어떻게 그리스도인으로서 성령의 존재와 역사에 대한 잘못된 인식과 무지 속에 살아갈 수 있습니까? 이는 잘못된 것입니다. 하나님의 의, 영생, 성화, 영화, 하나님과 동행하는 것, 하나님의 복을 누리는 것, 천국에 들어가는 것, 이 모든 것이 성령의 역사입니다. 성령의 역사 없이는 어느 하나도 이루어지지 않습니다. 내가 혹시 그런 것을 알아도 내 안에 성취되지 않습니다. 성령께서 역사해 주셔야만 약속이 내게 성취됩니다.

사도행전 속의 성령의 역사

저명한 부흥강사였던 빌리 그레이엄 목사님은 젊었을 때는 자신의 논리로, 자신의 열정으로 설득력 있게 복음을 전하고자 애썼다고 스스로 고백합니다. 그러나 나이가 많이 들어서는 그것을 회개하고, 오직 성령께 의존하여 전도를 했다고 고백합니다. 그래서 1966년 2월에 하버드 대학에서 이렇게 강연했습니다. "이전에 전도할 때는 나 자신의 정성이면 다 된다고 생각했습니다. 그러나 지금은 전혀 다른 태도로 임하고 있습니다. 나는 나 자신의 힘을 완전히 빼고 전도에 임합니다. 우선은 누구든지 성령에 의해서 마음이 다져진 사람이 아니라면 그리스도께로 올 수 없다고 믿습니다. 그리고 어느 누구든지 하나님이 이끌어주시지 않는다면 아무도 그리스도께 올 수 없다고 믿습니다. 그래서 내가 하는 일은 하나님의 메시지를 전하는 것뿐입니다. 다음은 성령께서 일하실 차례입니다. 그래서 나는 지금 이 순간도 나의 힘을 빼고, 즐거운 마음으로 전도에 임하고 있습니다."

성도 여러분, 사도행전은 교회의 태동과 역사를 기록한 하나님의 말씀입니다. 우리가 사도들이 행한 일을 기록한 것이라는 의미에서 사도행전이라고 부르지만, 사도행전을 계속 읽어가는 중에 성령께서 그 말씀을 조명해 주시면, 사도들은 보이지도 않고 성령님만 보입니다. 곳곳마다 성령께서 사도들을 고용하셔서 그 일을 하게 하십니다. 그것을 기록한 것입니다. 예수님의 생애를 생각해 보십시오. 성육신부터 십자가와 부활, 그리고 승천까지 모든 것을 성령의 역사로 성경은 곳곳에서 기록합니다. 성령 충만하여 이런 일이 나타났다고 성경은 기록합니다. 그러므로 구원받은 그리스도인은 성령께 붙들려 성령의 사람으로 살기를 갈망하며, 성령의 존재와 역사에 대한 확실한 이해와 믿음을 가지고 오늘을 살아가야 합니다. 세상에서는 예수님도 알고, 하나님도 알고, 이것저것 안다고 얘기하지만 성령에 대한 언급이 없습니다. 왜냐하면 알지 못하기 때문입니다. 추상적인 얘기이기 때문입니다. 정말 성령께 의존하고 성령을 믿어 성령 안에서 그리스도를 영접하라고 하면, 많은 불신자는 무시하고 때로는 조롱합니다. 돌아서서는 비웃습니다. 그리고 이렇게 말합니다. "저 사람 광신자인가봐." 그러나 성령의 사람이라고 인식되지 않는 한 우리는 잘못된 신앙생활을 하는 것입니다. 복음의 증인은 오직 성령의 사람으로 성령께 기도함으로 성령께 이끌리어 하나님의 일을 할 수 있습니다.

예배를 드림에 있어서도 오직 경건한 예배만이 참 예배라고 성경은 말씀합니다. 그런데 아직도 오늘 시대는 경건한 예배가 뭔지를 모릅니다. 자, 한번 생각해 보십시오. 하나님의 부르심 이후에 즉시 우리는 삼위일체 하나님께 영광을 돌립니다. 그것을 인정하고 "아멘!" 함으로 예배가 시작됩니다. 그리고 우리는 찬송가 9장 1절을 통해서 삼위일체 하나님을 찬양합니다. 그리고 삼위일체 하나님 안에서 회개합니다. 저는 항상 회개 기도를, 참회 기도를 그렇게 준비합니다. 하나님과 예수님과 성령님, 그리고 삼위일체 신앙고백을 사도신경을 통해서 합니다. 그리고 삼위일체 하나님의 구원의 복음을 담대히 선포하고, 마지막으로 삼위일체 하나님의 복을 선언합니다. "예수님의 은혜와 하나님의 사랑과 성령의 교통하심이 항상 함께 있을지어다." 이것이 예배입니다. 삼위일체 하나님을 인식하지 못하는 한, 고백하지 않는 한 참되고 경건한 예배가 될 수 없습니다. 그리스도인의 삶도 마찬가지입니다. 세상 속에서 하나님의 말씀을 묵상하고 하나님의 말씀을 따라 살아가려고 하지만, 내 의지대로는 며칠 못갑니다. 잠깐 사이에 이미 다른 곳에 가 있습니다. 매일매일 성령께 기도하고 성령에게 의탁해야 간신히 됩니다. 성경을 통해서 하나님의 말씀 듣기를 원하십니까? 성령께 먼저 간절히 기도하십시오. 유명한 신학자가 말하고, 내가 아무리 주석을 갖다놓고 공부해도 좋은 말씀을 듣는 것일 뿐이지 살아 있는 하나님의 말씀을 들을 수는 없습니다. 그리스도인의 삶에서 모든 하나님의 일은, 하나님의 은혜에 합당한 일은 성령의 역사 가운데 됩니다. 그래서 내가 정말 그리스도인이라고 믿는다면 내 안에 살아 계신 그리스도, 성령께서 함께하심을 항상 인식해야 합니다. 성령 하나님이 내 안에 주 성령으로 계셔서 교통하신다는 그 믿음으로부터 기도와 전도가 시작되고, 찬양과 감사가 시작되고, 하나님의 일에 힘쓰게 됩니다. 매일매일 성령 안에서 기도하고, 삶을 의탁하고, 성령께 순종함으로 하나님께 영광 돌리는 승리의 삶을 살아가게 되는 것입니다.

기도

전지전능하신 은혜의 하나님, 이 어두운 세상에 아들 예수님을 보내시고, 예수 그리스도 안에서 하나님의 복음을 듣고, 믿음으로 하나님의 자녀 되게 하시며, 복음의 자녀로, 빛의 자녀로, 이 어두운 세상 속에서 하나님을 소망하며, 하나님의 자녀로 승리케 해주심에 진심으로 감사드립니다. 성령이시여, 이 놀라운 복음의 비밀을 깨닫고 믿게 하셔서, 삼위일체 하나님으로부터 시작된 복음을 영접하게 하시사, 복음 안에서 살아 계신 하나님을 만나며, 그리스도를 만나며, 성령께 붙들린 영 주도적인 삶을 살아갈 수 있도록 함께하여 주시옵소서. 성령의 역사 없이는 아무것도 할 수 없고, 알 수 없고, 될 수 없음을 깨닫게 하시사, 성령의 역사 안에 순종하며, 성령께 기도하여 예수 그리스도 안에서 주와 동행하는 권세 있는 삶을 살도록 함께하여 주시옵소서. 우리 주 예수 그리스도의 이름으로 간절히 기도드리옵나이다. 아멘.

02

—

그는
진리의
영이라

너희가 나를 사랑하면 나의 계명을 지키리라 내가 아버지께 구하겠으니
그가 또 다른 보혜사를 너희에게 주사 영원토록 너희와 함께 있게 하리니
그는 진리의 영이라 세상은 능히 그를 받지 못하나니
이는 그를 보지도 못하고 알지도 못함이라 그러나 너희는 그를 아나니
그는 너희와 함께 거하심이요 또 너희 속에 계시겠음이라

요한복음 14:15-17

02

그는
진리의 영이라

한 사람이 마을 성황당에 와서 이렇게 빌었다고 합니다. "내일 비가 오게 해주세요. 비가 꼭 와야 합니다. 그렇게 해주시면 돼지머리를 바치겠습니다." 그 사람이 간 후 조금 있다가 다른 사람이 오더니 이렇게 빌었습니다. "내일 비가 오지 않게 해주세요. 비가 오면 제 계획이 다 망쳐집니다. 절대 비가 오지 않게 해주세요. 그러면 제가 닭을 바치겠습니다." 그 사람도 돌아가자 성황당 귀신이 신이 나서 이웃 마을 성황당 귀신에게 달려가서 말했습니다. "여보게, 내일 만일 비가 오면 돼지고기를, 안 오면 통닭을 먹게 되었다네."

완전한 진리와 부분적 진리

성도 여러분, 인간은 왜 무속신앙에 빠져 살아가며, 전통과 제도에 이끌리어 살아가며, 수많은 종교에 종속되어 살아갑니까? 성경에는 이 모든 것들을 우상이라고 말합니다. 인간은 왜 인간이 만든 우상에 이끌려 허탄한 인생을 살아갑니까? 오늘날의 우상은 자아 성취에 끌려 살고, 권력과 명예에 집착하며, 성공을 강하게 소원하며, 세상 중심의 삶을 살아가는 것입니다. 분명 성경은 이런 것이 세상의 우상이라고 선언합니다. 왜 이러한 우상에 끌려갑니까? 왜 벗어나지 못합니까? 성경은 그 질문에 대한 답을 이렇게 선언합니다. 하나님의 말씀을 떠났고 주의 말씀인 진리를 버렸기 때문이라고요. 한마디로 불신앙의 결과라고 선언합니다.

이 세상의 모든 종교는 진리를 추구하며 진리를 가르칩니다. 그래서 인간이 관심을 갖고 끌려갑니다. 그들은 진리를 선포하고, 진리를 가르친다고 주장합니다. 대표적으로 불교가 그렇습니다. 우주적인 진리를 선포하고 가르친다고 해서 수많은 무리가 불교에 종속됩니다. 석가탄신일 행사를 가장 크게 진행하는 것을 유심히 보았습니다. 그때 가장 존경받는 스님이 큰 지팡이 같은 걸 들고 나와서 "부처님의 우주적 진리를 선포하노라!"하고 진리를 가르쳤습니다. 그러고 나서 그 지팡이로 바닥을 치며 "이것은 사실이다!"라고 선언하는 것을 봤습니다. 결국 모든 종교는 진리를 통해서 자신들이 믿는 신을 만나고 신의 가르침을 받겠다고 합니다. 이것이 모든 종교의 본질입니다. 그러나 성경 기준으로 보면, 그곳에는 온전한 진리가 없습니다. 단지 부분적 진리가 있을 뿐입니다.

인간이 깨닫고 경험한 부분적 진리가 종교를 만듭니다. 그래서 모든 종교의 진리의 근거는 두 가지입니다. 바로 체험과 깨달음입니다. 누군가가 깊은 체험을 하고 그 체험 속에서 진리를 깨닫습니다. 그리고 그 진리가 설득력 있게 전파될 때 종교가 됩니다. 더 나아가 깊은 수행과 고행을 통해서 큰 깨달음을 얻습니다. 그리고 그 깨달음이 강력하게 전파될 때 믿는 무리가 생겨 종교가 됩니다. 대표적인 사람이 석가모니와 마호메트입니다. 그러나 이런 인간의 체험과 깨달음을 근거로 한 곳에는 온전한 진리가 없습니다. 부분적 진리일 뿐입니다. 간단한 예로, 자기 인생은 알겠지만 창세 이전을 어떻게 알겠습니까? 또 종말은 어떻게 알겠습니까? 한마디로 추상적인 이야기입니다. 성도 여러분, 온전한 진리는 하나님을 만나는 것입니다. 창조주 하나님을 만나고 유일하신 여호와 하나님께 가까이 가며, 함께하면서 그분을 만나는 것입니다. 성경은 진리의 하나님이라고 선포합니다. 하나님을 만나지 못하는, 참 하나님을 만나지 못하는 진리는 진리가 아닙니다. 다만 진리 같은 것들입니다. 부분적 진리입니다. 이것을 분별해야 합니다. 분별하지 못하면 우상들에 끌려갑니다. 여기에 대한 경고가 성경 전체에 기록되어 있습니다.

저명한 기독교 변증가인 오스 기니스 박사가 '진리의 시간'이라는 주제의 강연에서 이렇게 말했습니다. "인간은 진리를 추구하기만 하는 것뿐만 아니라, 진리를 왜곡하는 존재다." 그러면서 인간이 진리를 생각하고 규정하는 과정에는 두 가지 방식이 있다고 말합니다. 이것이 성경적 선포입니다.

첫째가 욕망에 맞추어 진리를 규정하는 것입니다. 진리를 찾아보면서 그것이 무의미하다는 것을 알아낸 것이 아니고, 자기만의 방식으로 살아가기 위해 진리는 아무런 의미가 없다고 미리 결정을 내립니다. 그리고 자기가 하고 싶은 대로 할 수 없는 삶의 부분에 대해서는 별도로 아예 분리시켜 버립니다. 두 번째는 진리에 욕망을 맞추는 것입니다. 이것은 앞의 방식과 정반대입니다. 진리에 맞춰 욕망을 형성합니다. 이것은 단기적으로 매우 불편한 방법입니다. 그러나 진리는 타협의 대상이 아니며, 진리는 실제입니다. 성도 여러분, 내가 진리를 규정하는 것이 아닙니다. 내가 찾아서 알 수 있는 진리는 진리가 아닙니다. 참 진리가 아닙니다. 진리가 나를 규정합니다. 진리가 나에게 찾아와야 됩니다. 이것을 분명히 알아야 합니다.

인격적인 진리의 성령

인간의 심리 현상을 설명하는 용어 중에 '확증 편향' (confirmation bias)이라는 것이 있습니다. 이것은 새로운 진실이 기존에 내가 알고 있는 사고방식과 일치하면 받아들이고, 배치되면 거부하는 심리 현상을 말합니다. 그래서 자신이 보고 싶은 것, 듣고 싶은 것, 믿고 싶은 것만 선택적으로 보고, 듣고, 믿습니다. 모든 인간에게 이러한 본성이 있습니다. 이 확증 편향이 진리를 왜곡시킵니다. 끝없이 왜곡시킵니다. 오늘날 진리를 추구하는 사람을 찾아보기가 어렵습니다. 진리가 우리를 자유하게 하는데, 오히려 진리로 인해 불편해졌습니다. 그래서 진리에 대해 무관심합니다. 심지어 진리에 대해 무지한 시대를 살아가고 있음을 알아야 합니다.

그러면 어떻게 해야 참 진리를 분별하고, 진리를 추구하는 인생을 살아갈 수 있습니까? 예수님께서 주신 답이 오늘 성경에 기록됩니다. 진리의 성령뿐입니다. 이것이 복음입니다.

오직 진리의 성령을 통해서만 인간은 진리를 깨닫고 분별하며 추구하고 실천하면서 살아갈 수 있습니다. 성도 여러분, 성령이 누구신지에 대해 성경이 제일 먼저 계시하는 바는 삼위일체 하나님 중의 한 분이라는 것입니다. 하나님의 신격을 말합니다. 동시에 살아 계신 하나님의 인성이 있습니다. 그것이 예수님께서 오늘 강조하신 계시입니다. 진리의 성령이십니다. "그는 진리의 영이시다. 진리의 성령이시다." 예수님께서 십자가 지시기 전날, 성령의 호칭에 대해서 가장 명확하게 반복적으로 우리에게 알려주신 말씀입니다.

진리의 성령에 초점을 맞춰야 합니다. 성령 하나님은 인격의 하나님이십니다. 비인격이 아닙니다. 생명의 하나님이시기 때문입니다. 그런데 우리가 자주 비인격으로 생각하는 경향이 있습니다. 왜냐하면 성령을 상징하는 용어들 때문입니다. 거기에 빠져듭니다. '비둘기 같다'는 것은 비둘기라는 말이 아닙니다. '물과 같다' 또는 '불과 같다'도 마찬가지입니다. 이미지에만 끌려가니 인격의 하나님을 소홀히 합니다. 또한 우리의 욕망이 기적, 능력, 은사, 방언 등에 관심가게 합니다. 그러다 보니까 인격의 성령을, 진리의 성령을 축소시킵니다. 이는 무서운 죄입니다. 인격의 성령께서는 인격적으로 역사하십니다. 이것을 잊어서는 안 됩니다.

그래서 예수님께서 성령 하나님에 대하여 두 가지 호칭을 명백히 계시해 주셨습니다. 첫째가 진리의 성령입니다. 둘째가 보혜사 성령입니다. 항상 기억해야 합니다. 오늘날 성령 하나님에 대한 많은 책이 있습니다. 많은 유익이 있고 때로는 거기서 성령론을 정립하게 되는데, 여기에 문제가 있습니다. 대다수의 책이 삼위일체 하나님의 한 분으로서의 성령의 신성과 진리의 성령이신 성령의 인성을 축소시키고 있습니다. 그 대신 자신들이 체험한 것이나 감동적이고 성공적인 스토리, 그러니까 은사, 방언 능력, 기적에 초점을 맞춥니다. 그런데 이런 것은 타 종교에도 많습니다. 기독교에서 말하는 성령 하나님은 진리의 성령이십니다. 이것을 잊어서는 안 됩니다.

진리의 성령께서 하나님의 자녀 안에 거하십니다. 우리 안에 역사하십니다. 성도 여러분, 우리 안에 거하시는 성령을 어떻게 객관적으로 알 수 있습니까? 많은 그리스도인이 "나는 성령 받았다. 성령을 체험했다"고 자기 나름대로 이야기하지만, 너무나 주관적입니다. 객관적인 증거가 무엇입니까? 그것은 바로 진리의 성령이십니다. 그래서 예수님께서 십자가 지시기 전날 성령이 누구이신가를 명확하게 우리에게 계시해 주십니다. 진리를 떠나서 성령을 말하면, 다 망치게 됩니다. 성도 여러분, 진리의 성령은 우리 안에서 진리를 계시해 주십니다. 그래서 진리의 성령입니다. 오직 진리입니다. 자꾸 다른 데 관심을 갖지 마십시오. 성령께서 진리를 계시하지 않으시면 어느 누구도 진리를 깨달을 수 없고, 진리를 영접할 수도 없습니다. 이 사실을 알아야 합니다.

분별하게 하시는 진리의 성령

이 세상에서 가장 중요한 것이 진리입니다. 진리 없이 살아가는 최선과 성공은 인생을 망칩니다. 이처럼 진리의 중요성을 안다면 모두가 성령을 구할 것입니다. 진리의 성령을 간구할 것입니다. 그런데 진리를 추구함에 있어서 진리의 성령을 알지 못합니다. 이것이 허탄한 인생입니다. 기독교와 교회의 시작은 진리의 성령의 역사로부터 비롯된 것임을 성경은 증거합니다. 진리의 성령이 오셔서 진리를 계시해 주셨습니다. 복음 진리를 가르쳐주시고 믿게 하셨습니다. 그래서 거듭난 그리스도인이 나타났고, 교회와 기독교가 시작되었습니다. 내 안에 성령께서 계신다는 객관적 증거는 진리의 성령이 함께하신다는 것입니다. 이것을 잊어서는 안 됩니다.

그분이 우리 안에서 진리를 분별케 하십니다. 거듭난 그리스도인의 첫 번째 객관적 증거가 그것입니다. 진리를 분별케

되었다는 것입니다. 참 진리를 알고 깨달으며 믿게 되었습니다. 진리를 사랑하게 되었고, 진리를 실천하기 시작합니다. 성경을 통해서 진리의 영이 진리를 계시해 주시고 깨닫게 해 주십니다. 진리의 성령이 아니라면 성경조차도 죽은 글씨일 뿐입니다. 그래서 믿지 않는 사람이나 타 종교인들은 성경을 보고도 하나님 말씀을 듣지 못합니다. 단지 글씨일 뿐입니다. 성령께서 조명해 주셔야 이 글 속에서 살아 있는 하나님의 말씀을 듣게 됩니다. 진리를 비로소 깨닫게 됩니다. 성경은 사건의 기록으로 언어 자체가 진리는 아닙니다. 그 언어 안에 진리가 계시되어 있습니다. 이것을 진리의 성령께서 분별하고 알게 해주십니다.

예수님께서 우리에게 주신 고귀한 말씀에 귀를 기울여 들어보십시오. 17절 말씀입니다. "그는 진리의 영이라 세상은 능히 그를 받지 못하나니 이는 그를 보지도 못하고 알지도 못함이라 그러나 너희는 그를 아나니 그는 너희와 함께 거하심이요 또 너희 속에 계시겠음이라." 얼마나 놀라운 선언입니까! 진리의 성령을 세상은 주어도 받지 못합니다. 아무리 성령의 역사가 나타나도 받지 못합니다. 받지 못하니 알지 못합니다. 그러나 그리스도인은 받을 수 있고 알 수 있습니다. 이것이 누가 그리스도인이냐를 구별하는 시금석입니다. 세상에 아무리 유명한 철학자, 교육자, 사상가, 종교 창시자라 하더라도 진리의 성령을 알지 못하고 받지 못함을 분명히 알아야 합니다. 그런데 온통 부분적 진리를 쫓아다닙니다. 진리를 모르는데, 스스로는 진리를 안다고 생각합니다. 참 진리를 알면 여호와 하나님을 만나고 창조주 하나님을 아는 지식의 충만함에 이르는데, 그러지 못하면서 안다고 생각합니다. 여러 책을 쓰고 강연을 통해서 그 지식을 자랑합니다. 다 추상적입니다. 거기에 현혹되면 안 됩니다. 오직 하나님의 부르심을 받은 거듭난 그리스도인만 진리의 영을 받아 진리를 안다고 말씀하십니다.

성도 여러분, 진리의 영을 받았습니까? 확신하십니까? 그 진리의 영이 진리를 가르쳐주시고, 진리의 길로 인도하십니까? 이것이 객관적 증거입니다. 만일 그렇다면 그는 영생을 소유한 자이며, 거듭난 그리스도인입니다. 만일 그렇지 못하면 종교입니다. 즉시 회개하고 성령께 간구해야 합니다. "성령을 주옵소서. 성령을 알게 해주소서. 진리의 성령으로 말미암아 진리를 깨닫고 믿는 마음을 허락해 주소서." 아주 중요한 문제입니다.

인간의 열심과 노력과 능력으로는 부분적 진리를 체험하고 깨달을 수 있지만, 온전한 진리는 알지 못합니다. 만일 알

수 있다면 진리의 성령이 오실 필요가 없습니다. 예수님께서 십자가를 지실 필요도 없게 됩니다. 진리를 이미 아는데, 예수님께서 왜 이런 말씀하십니까? 진리의 성령 없이는 어느 누구도 온전한 진리를 깨달을 수 없는 것입니다. 성도 여러분, 진리의 성령은 선물입니다. 예수님께서 간구하시사 하나님께서 주시는 은혜입니다. 이것이 복음입니다. 복음 중의 복음입니다. 이 진리의 성령이 내 안에 역사하지 않으시면, 스스로 인식하지 못하고 순종하지 않으면 한낱 종교인일 뿐이지 하나님의 사람으로 이 시대를 살아갈 수 없습니다.

오래전 중국 최고의 지성인이라는 베이징 대학교 철학 교수님들과 7년간 매년 종교 포럼을 연적이 있습니다. 그때 제가 받은 인상을 잊어버릴 수가 없습니다. 그때 지구상 가장 뛰어난 동양철학의 대가 대여섯 분을 만났습니다. 중국의 수많은 인구 중에서 선별된 지식인들이었습니다. 중국의 모든 철학과 교과서를 만드는 분인데, 그들의 현란한 언어나 지적 능력에 참 놀랐습니다. 그분들 말씀이 한국 불교에서 경전을 만들 때 자신들에게 가지고 온다고 합니다. 고대 중국어가 안 되기 때문입니다. 그래서 도움을 주면 그것을 가져간다며 자랑하는데 그 얘기를 듣고 나니 웃음이 났습니다. 결국은 누군가 인간에 의해 만들어집니다. 그러나 제가 아는 것은 저들이 진리를 모른다는 것입니다. 그럼에도 자신들은 진리의 대가라고 생각합니다. 진리를 아는 사람이라 생각합니다. 진리의 성령도 없는데, 하나님을 알지 못하는데, 그 중심에 하나님이 없다는 진리관을 가지고 있으면서 말입니다. 그게 무슨 진리입니까? 참으로 비참합니다. 여기에 바로 사탄의 역사가 있습니다.

진리의 성령과 함께하는 삶

사탄은 하나님의 일을 방해합니다. 성령의 일을 방해합니다. 진리를 진리 되지 못하게 합니다. 진리를 알지 못합니다. 진리 같은 것은 아예 없습니다. 그런데 많은 이들이 종교나 철학에 끌려 거기에서 진리를 찾으려고 합니다. 이런 경우 그들에게는 혼합된 진리를 가르쳐주는 것으로 사탄이 역사합니다. 온전한 진리가 아닌데, 부분적 진리에 만족하고 빠지게 합니다. 얼마나 무서운 일입니까? 온전한 진리에 만일 사탄이 역사해서 1퍼센트의 거짓 진리를 섞으면, 그 진리는 파괴됩니다. 99퍼센트 진리는 결국 가짜와 같습니다. 100퍼센트만 진짜입니다. 그런데 혼합된 진리에 만족하고 거기에 일생을 바칩니다. 하나님 보시기에 얼마나 불쌍합니까? 귀한 인생을 슬픔과 탄식으로 끝내는 허탄한 인생입니다. 그런데도 진리를 아는 사람이라며 다른 사람에게 진리를 가르칩니다. 그래서 명예도 얻습니다. 많은 추종자도 있습니다. 하지만 하나님 보시기에 이건 참으로 웃음거리입니다. 우상 놀이하는 것과 같습니다. 이것을 분명히 알아야 합니다. 복음 진리를 왜곡해서 다른 진리가 교회 안에 선포되고, 수많은 무리가 다른 복음을 쫓아간다고 성경은 말씀합니다. 오늘도 마찬가지입니다. 이것이 사탄의 역사입니다.

성도 여러분, 하나님의 자녀는 진리의 성령에 집중해야 합니다. 은사, 방언, 능력, 기적 같은 것이 아닙니다. 이런 것들은 하나님의 뜻에 따라 필요하면 주십니다. 우리가 초점을 맞춰야 될 대상은 진리의 성령입니다. 예수님께서 그것을 계시해 주십니다. 진리의 성령, 인격적 역사를 하시는 하나님이십니다. 진리를 가르쳐주십니다. 그런데 단번에 가르쳐주지 않으십니다. 감당이 안 됩니다. 평생에 걸쳐 지속적으로 우리에게 진리를 가르쳐주십니다. 이것을 잊어서는 안 됩니다. 그 진리의 성령의 역사가 무엇인지를 성경을 통해서 알아야 합니다.

먼저 진리의 성령은 우리를 진리로 인도하십니다. 오직 진리입니다. 자아 성취를 이루고 세상에 번영을 주는 것이 아님니다. 은사, 방언, 능력, 기적 같은 것이 아닙니다. 진리의 성령은 오직 진리를 계시하시고, 진리로 인도하십니다. 진리를 깨닫게 하십니다. 먼저 하나님의 말씀만이 진리임을 알게 하시고 깨닫게 하십니다. 그리고 모든 진리가 예수 그리스도 안에 있다는 것을 깨닫게 하십니다. 그래서 예수님은 선포하십니다. "나는 그 진리다. 나는 유일한 진리다. 나로 말미암지 않고는 아버지께로 올 자가 없느니라." 이것을 깨닫게 됩니다. 정말 깨닫고 믿게 됩니다. 정말 감사한 일입니다.

그런데 이 진리를 깨닫는 것은 보고 느끼는 것이 아닙니다. 인간의 생각을 통해서, 이성을 통해서 알려줍니다. 자연인인 죄인의 이성으로서가 아닙니다. 중생한 이성을 통해서 비로소 진리를 사랑하게 되고 진리를 추구하게 되며 진리를 깨닫게 해주십니다. 다시 말씀드립니다. 보고 느끼는 것이 아닙니다. 그래서 예배란 신령과 진리로 드리는 것이라고 성경은 선언합니다. 성령과 진리는 보고 느끼는 게 아닙니다. 듣고 깨달음을 통해서 시작됩니다. 그런데 오늘날 사탄이 뿌린 씨로인해 온통 보고 느끼는 쪽으로 끌려갑니다. 어떻게 진리를 보고 느낍니까? 진리의 성령이 누구이신지를 모르는 것입니다. 그러면서도 "성령! 성령!" 찬송하고, "성령 충만케 해주소서!" 합니다. 뭔가 잘못된 것 아닙니까? 그래서 예수님께서 진리의 성령을 십자가 지시던 날 계시해 주셨습니다. 그리고 진리의 성령은 우리로 하여금 진리 안에서 진리를 믿고 살게 하십니다. 진리는 추상적인 것이 아닙니다. 복음 진리는 추상적인 것이 아닙니다. 복음 진리를 믿고 사는 것입니다. 그래서 그 진리를 추구하고, 진리 안에 거하다 보면 나도 모르게 거룩해집니다. 예수님께서 십자가 지시기 전날 간절히 기도하십니다. "그들을 진리로 거룩하게 하옵소서. 하나님의 말씀은 진리니이다." 오직 성령의 역사 가운데 이 기도가 우리 안에 사건으로 성취될 수 있습니다.

그리고 진리의 성령은 우리로 하여금 진리 안에서 하나님을 만나게 해주십니다. 하나님을 가까이하고, 하나님의 임재를 체험하고, 하나님의 말씀을 듣게 하십니다. 그럴 때 우리 안에 하나님이 주시는 평강과 기쁨과 안식이 충만히 체험됩니다. 이 또한 인위적인 것이 아닙니다. 평강과 기쁨과 안식을 주기 위해서 잔잔한 음악을 틀고, 조명을 낮추고, 좋은 악기와 연주를 통해서 사람을 감동시키는 것들이 전혀 아닙니다. 이런 것들은 종교마다 있고 세속사회에도 있습니다. 그럼에도 사람들은 이런 것에 자주 빠집니다. 끌려갑니다. 진리의 성령은 영적으로 역사합니다. 그래서 하나님 안에서 하나님과 함께할 때 우리는 하나님이 주신 복을 누리게 됩니다. 하나님의 약속만을 소망하게 됩니다. 그리고 승리하게 됩니다. 이것을 잊어서는 안 됩니다.

진리의 성령에 의탁하는 삶

성경에 나오는 위대한 사도 바울의 회심 전과 후를 한번 생각해 보시기 바랍니다. 진리의 성령을 모를 때에도 그는 이미 성경에 도통한 사람이었습니다. 뛰어난 종교인이었고, 성경을 가르치고 연구한 사람입니다. 성경을 통해서 성령의 역사를 알았을 것입니다. 성령께 기도했을 것입니다. 하지만 바른 성령에 대한 이해가 없었습니다. 그리고 그는 말씀을 지켰습니다. 그러니 율법의 의로는 흠이 없는 자요, 역사상 가장 도덕적인 인물입니다. 그리고 그는 오직 하나님께만 헌신합니다. 하나님께만 영광 돌리면서 살아갔습니다.

그런데 그가 성령 받은 후에 말합니다. "나는 괴수 중의 괴수입니다." 어떻게 이런 위대한 인물이 괴수 중에 괴수일 수 있습니까? 그는 하나님께 영광 돌리는 것을 추구했는데, 그 열정으로 성령 충만한 스데반을 죽이는 일에 앞장섰습니다. 교회를 핍박했습니다. 많은 그리스도인을 잡아 감옥에 처넣었습니다. 그런 상태에서도 진리를 안다고 하며 진리를 가르치는 자였습니다. 훗날 그가 진리의 성령을 받은 후에는 완전히 변합니다. 진리를 사랑하고 추구하지만, 그 전에 성령께 기도합니다. 진리의 성령께서 진리를 가르쳐주시지 않으면 잘못된 길로 빠지기 때문입니다. 온전히 성령께 삶을 의탁하는 중에 복음 진리를 만납니다. 그래서 나머지 인생은 평생 복음의 증인으로, 진리에 속한 자로 하나님의 뜻을 분별하며, 오직 하나님의 말씀을 증거하며 승리의 삶을 살아갑니다. 성도 여러분, 진리의 성령을 바르게 알고 인식하며 믿느냐 안 믿느냐는 천지 차이입니다.

16세기 영국의 순교자 존 후퍼 목사님의 일화를 들어보시기 바랍니다. 그는 성직자의 결혼을 주장했고, 사제가 떡과 포도주를 놓고 축사하면 이것이 그리스도의 몸으로 변한다는 화체설을 부인했습니다. 이것이 죄목이 되어 1553년 런던 탑에 투옥됩니다. 그때나 지금이나 가톨릭은 성직자는 결혼하면 안 되고, 사제가 성만찬 때 축사하면 그 떡과 포도주는 그리스도의 몸과 피로 실제로 변한다는 것을 진리라고 믿고 전합니다. 하지만 거짓 진리입니다. 그래서 후퍼 목사님은 바른 진리를 선포함에도 불구하고 가톨릭에 의해서 핍박을 받습니다. 그럴 때 한 친구가 찾아와서 이렇게 말합니다. "인생은 달콤한 것이야. 그러나 죽음은 쓰디 쓴 것이라네. 이 점을 잘 생각하고, 그만 고집을 버리게."

적당히 타협하고 죽음을 피하라고 설득했습니다. 후퍼는 깊이 생각한 후에 친구에게 이렇게 말했다고 합니다. "내세에서의 생은 이생보다 더 달콤하고, 지옥의 고통은 죽음보다 더 쓰다네. 믿음은 세상과의 타협이 아니며, 믿음은 진리를 위해 목숨까지도 버릴 수 있는 것이라네." 그리고 화형에 처해져서 순교했습니다. 그 순교의 피는 영국교회의 개혁과 부흥에 큰 틀이 됩니다. 그는 마지막 화형에 처해지기 전에 사형 집행관들을 위해 복을 빌어준 후, "주 예수여, 제 영혼을 받아주소서!"라고 기도하며 죽음을 맞이했다고 합니다.

성도 여러분, 구원에 이르는 믿음과 진리는 절대적입니다. 구원받은 그리스도인으로 믿음이 있다고 하면서 진리를 알지 못하고 분별하지 못하며 사랑하지 않고 진리 안에 거하지 않는다면, 이것은 잘못된 종교생활입니다. 진리의 성령은 인간의 노력과 열심으로 얻어지는 것이 아니라, 하나님의 은혜와 선물로 받습니다. 그래서 위대한 복음이라고 말하는 것입니다. 날마다 성령께 기도할 때, 그래서 감사하고 기뻐합니다. 성령이 함께 계심을 믿고 알기에, 진리를 밝히 보여주시기에 항상 감사하고 기도하며 만족하고 기뻐하는 것입니다. 진리의 성령께서 내 안에 역사하시어 인격적으로 진리를 계시해 주시고, 깨닫게 해주시고, 믿게 하시고, 진리 안에 거하게 하십니다.

성도 여러분, 진리를 알지 못하는 상태에서의 최선은 쓸모없는 짓입니다. 진리를 모르는 자의 성공이나 열심은 참으로 허탄한 일입니다. 무엇보다 무서운 건 잘못된 진리, 왜곡된 진리에 만족하는 것입니다. 그처럼 비참한 인생은 없습니다. 오직 진리만이 복음입니다. 진리만이 우리로 하여금 하나님의 형상을 회복하고, 영광된 삶으로 우리를 이끌어갑니다. 그리스도인은 진리의 사람으로 재창조된 사람입니다. 진리의 성령께서 우리 안에 계시어 끝없이 진리로 인도하십니다. 위대한 복음을 만나고 깊이 묵상함으로 하나님의 뜻을 분별하고, 복음의 증인으로 하나님께 영광 돌리는 삶을 살아가게 됩니다. 예수님께서 십자가를 지시기 전날 우리 모두에게 위대한 복음을 선포해 주셨습니다. 약속을 해주셨습니다. 다시 한번 귀를 기울이시기 바랍니다. "그는 진리의 영이라 세상은 능히 받지 못하나니 이는 그를 보지도 못하고 알지도 못함이라 그러나 너희는 그를 아나니 그는 너희와 함께 거하심이요 또 너희 속에 계시겠음이라."

전지전능하신 은혜의 하나님, 어둠 속에 살며, 우상에 종속되며, 하나님의 말씀을 버린 미천한 자에게 예수님을 나의 구주로 영접하여, 복음 진리를 믿음으로 비로소 진리를 알고, 진리를 사랑하며, 진리의 증인으로 이 시대를 살게 해주심을 진심으로 감사드립니다. 진리의 성령이시여, 우리 안에 계심을, 그 객관적 증거를 그대로 받아들이며, 성령께 순종하여 진리를 밝히 알고, 진리를 사모하며, 진리를 사랑하여 진리에 순종하는 자로 이 땅에서 승리의 삶을 살도록, 함께하여 주시옵소서. 우리 주변에는 진리의 성령을 알지 못하고, 진리에 대한 무관심 속에서 허탄한 인생을 살아가는 사람들이 너무나 많습니다. 더욱이 잘못된 진리에 이끌리어 불행하고 비참한 인생을 살아가는 사람들이 너무나 많습니다. 그들을 향하여 위대한 복음을 증거하며, 성령의 역사를 나타내어 하나님께 영광 돌리는 삶을 살아갈 수 있도록 지켜주시옵소서. 우리 주 예수 그리스도의 이름으로 간절히 기도드리옵나이다. 아멘.

03
———

보혜사
성령

내가 아직 너희와 함께 있어서 이 말을 너희에게 하였거니와
보혜사 곧 아버지께서 내 이름으로 보내실 성령
그가 너희에게 모든 것을 가르치고 내가 너희에게 말한 모든 것을
생각나게 하리라 평안을 너희에게 끼치노니 곧 나의 평안을
너희에게 주노라 내가 너희에게 주는 것은 세상이 주는 것과
같지 아니하니라 너희는 마음에 근심하지도 말고 두려워하지도 말라

요한복음 14:25-27

03

보혜사
성령

미국 장로교회의 유명한 부흥사였던 윌버 채프먼 목사님이 목회 초창기 젊은 시절, 필라델피아에 있는 작은 교회에 부임했을 때의 일입니다. 떨리는 마음으로 첫 번째 주일설교를 마쳤을 때 교인 중에서 한 나이 많은 어른이 조용히 찾아와 이렇게 말했습니다. "목사님, 이 교회 목사로서는 대단히 젊은 분입니다. 그런데 목사님은 복음적인 설교를 하시는군요. 그래서 제가 목사님을 도와드리겠습니다. 저는 목사님이 성령의 능력을 받기를 다른 두 사람과 함께 기도할 것입니다." 채프먼 목사님은 속으로 '이분은 상당히 까다로운 괴팍한 노인인가 보다'라고 생각했습니다. 그런데 그분과 함께 기도하는 사람들이 세 명에서 열 명으로 늘어났습니다. 곧이어 20명, 50명, 후에는 200명까지 이르게 됩니다. 주일마다 예배시간 전에 200명이 모여서 성령의 능력이 목사님 위에 임하시기를 기도했습니다. 목사님은 강단에 설 때마다 그 기도를 인식하고, 그 기도의 응답을 믿으며, 성령의 능력을 체험하면서 설교를 할 수 있었다고 고백합니다. 그래서 채프먼 목사님은 설교하는 일이 가장 큰 기쁨이 되었습니다. 그리고 그 기도의 결과가 눈에 보이게 나타나기 시작했습니다. 3년 만에 1,100명의 사람들이 이 작은 교회에 나와 신앙을 갖고, 예수님을 나의 구주로 영접했습니다. 깊이 생각해 보시기 바랍니다.

성령의 인격적 역사

성도 여러분, 예수님의 십자가, 부활, 승천, 그리고 이후의 시대는 성령의 시대입니다. 이것을 항상 인식해야 합니다. 성령의 역사를 통해서 비로소 교회와 기독교가 태동되었고, 거듭난 그리스도인이 나타났으며, 복음의 역사가 강력하게 일어났습니다. 그래서 사도행전을 성령행전이라고 말합니다. 사도행전을 읽어보면 성령의 역사 없이 되는 것이 하나도 없기 때문입니다. 성령의 역사가 나타나 하나님의 사람들을 고용하여 복음의 역사를 일으키십니다. 그래서 '성령께서' 또는 '성령 충만하여'라는 성경용어가 반복됩니다.

성도 여러분, 자신을 생각해 보십시오. 하나님으로부터 의롭다 칭함을 받고 하나님의 자녀가 되었습니다. 어떻게 된 것입니까? 그 실제가 무엇입니까? 성령의 역사입니다. 이것을 항상 기억해야 합니다. 내가 성화의 삶을 추구하며 영화에 이르게 되는 것이 아닙니다. 성령의 도우심 없이는 불가능합니다. 성령의 도움으로 복음의 증인으로 살고, 삶 속에서 신령한 복을 누리며, 주와 동행하는 삶을 구체화하게 됩니다. 이모든 것이 성령의 역사입니다. 예수님께서 성령에 관하여 명백하게 선포하셨습니다. "그는 진리의 영이라 세상은 능히 그를 받지 못하나니 이는 그를 보지도 못하고 알지도 못함이라." 정말 그 말씀 그대로가 오늘 이 시대입니다. 불신자는 성령을 받지 못하며 보지도 못하고 알지도 못합니다. 비록 세상에서 가장 존경받는 지식인이요, 사상가요, 교육가요, 더 나아가 종교 창시자라 할지라도 성령에 대해서는 알지도 못하고 받지도 못합니다. 오직 거듭난 그리스도인만이 성령을 알고 받습니다. 얼마나 감사한 일입니까? 여기 그리스도인의 삶이 구체화되어 나타나게 됩니다. 성령 하나님은 분명 하나님의 자녀와 함께하십니다. 우리 안에 성령께서 계심을 항상 인식하며 오늘을 살아가야 합니다. 그 성령께서 인격적 역사를 우리 안에서 행하십니다.

성도 여러분, 인격적 역사라는 게 무엇입니까? 이것은 성령 하나님이 마음대로 홀로 무언가를 행하지 않으신다는 것을 의미합니다. 하실 수 있는 분이지만, 안 하십니다. 이것을 알아야 합니다. 성령께서 우리 안에 계시다고 무언가가 저절로 되는 그런 역사가 아니라는 것을 의미합니다. 성령의 열매를 맺고 인격적으로 변화되어 이 땅에서 영생의 삶을 살아가는 모든 것이 단지 내가 성령을 인정하고 고백한다고 저절로 되는 일이 아닙니다. 그것은 인격적 역사가 아닙니다. 인격적 역사는 성령의 역사와 내가 함께하여 이루어나가는 것입니다.

자, 진리의 성령을 생각해 보십시오. 내가 진리의 성령을 고백합니다. "성령이여, 나와 함께하소서!" 그런다고 저절로 내가 진리를 알아가는 것이 아닙니다. 성경을 펴고 가까이하며 묵상해야 됩니다. 내가 성경을 묵상하지도, 읽지도 않는데 어떻게 하나님의 말씀인 진리를 깨달을 수 있겠습니까? 이것을 분별해야 합니다.

성화와 거룩해지는 삶에 있어서도 아무리 '성령! 성령!'을 외쳐봐야 일어나는 것이 없습니다. 인격적 역사이기 때문입니다. 내가 믿음으로 응답하고, 성령께 순종하며, 성령께서 나를 인도하심을 고백하면서 삶을 구체화할 때 비로소 이루어지는 역사입니다. 그런데 불행하게도 성령에 대해 잘못된 이해를 가지고 신앙생활을 하는 사람이 너무나 많습니다. 먼저는 성령의 존재와 능력을 알지도, 믿지도 않습니다. 그런데 예수님을 알기는 합니다. 예수님은 좋다고도 합니다. 예수님에 관한 말씀은 귀를 기울입니다. 하나님을 믿고 싶어 합니다. 그럼에도 성령을 알지 못합니다. 받지 못했습니다. 이것은 참 비참한 종교생활입니다.

또한 성령의 역사를 왜곡합니다. 그래서 성령께 기도하고 찬양하며 성령 충만을 강조하지만, 목적은 자기 소원을 이루고 자아실현을 하며 부와 성공을 얻는 것입니다. 이런 것은 지금 성령의 역사를 왜곡하는 것입니다. 대표적인 것이 오늘날의 치유예배, 치유집회와 같은 것들입니다. 미리 몇 날 며칠, 다음 주 몇 시에 치유가 일어나니 오라고 말합니다. 이런 게 어디 있습니까! 성령이 누군지도 모르는 것입니다. 이것은 맹목적인 신앙입니다. 이런 일은 성경에 단 한 번도 나타나지 않습니다. 성령은 하나님이시므로 주권적 의지를 갖고 역사하시는데, 어떻게 자신이 몇 날 몇 시에 참석하면 성령의 은혜를 받고 성령의 치유를 경험한다고 말할 수 있습니까? 이것은 사기입니다. 이런 일은 성령에 대한 왜곡입니다. 이것을 분별해야 합니다.

더 나아가 성령의 존재를 아는데도 성령을 자꾸 추상화합니다. 이는 잘못된 신앙입니다. "성령께서 다 알아서 해주시겠지. 나는 아무것도 안 해"라고 말하는데, 한마디로 성령을 삶에 적용하지 않습니다. 일상에서 성령께 깨어 기도하지도 않고, 삶을 의탁하지도 않으며, 성령에게 순종하지도 않습니다. 잘못된 신앙생활입니다. 이것을 분별하고 회개해야 합니다.

성령을 표현하는 여러 호칭

성경을 읽다 보면, 성령에 대한 호칭이 상당히 많이 나옵니다. '성령'이라는 표현 외에 성령에 대한 다른 호칭이 있습니다. 대표적으로 하나님과 관련된 호칭으로 '하나님의 신', '하나님의 영'입니다. 또한 예수님과 관계된 호칭으로 '그리스도의 영'이라는 호칭이 있습니다. 다양한 호칭이 상당히 많이 나타나는데, 이런 문자에 사로잡혀 성경 맥락에서 성령의 역사를 알지 못한 채 혼란을 겪는 경우가 많습니다. 그리고 성령의 역사를 왜곡하고 분별치 못합니다. 그럴 때마다 성령의 계시에 최우선순위를 두고 귀를 기울여야 합니다. 예수님께로 다가가야 됩니다. 예수님께서 하신 복음 중의 복음인 성령의 선물에 초점을 맞춰야 합니다. 예수님은 세 가지를 말씀하셨습니다. 삼위일체 하나님 중의 한 분인 성령님, 진리의 성령, 그리고 보혜사 성령입니다. 이것을 항상 기억하며, 묵상해야 할 것입니다.

본문 말씀에 예수님께서 보혜사 성령에 관한 놀라운 복음을 선포하십니다. 성경에서 이처럼 다른 호칭이 주어지는 것은 존재의 구별이 아니라, 사역의 구별을 위해서입니다. 성령 하나님의 사역을 구별하며 강조하기 위함입니다. 예를 들어, 진리의 성령을 말씀하셨습니다. 그야말로 진리입니다. 진리를 깨닫고, 진리 안에 거하고, 진리에 순종하는 것처럼 진리의 영이신 성령의 사역을 강조하기 위해서입니다. 보다 명확하게 기억하고 인식하도록 우리에게 주신 성경용어입니다. 또 성결의 영이라는 표현이 있습니다. 그것은 문자 그대로 성결케 하기 위해서, 거룩하게 하기 위해서 성령의 역사가 반드시 필요하다는 것으로 성결이 성령의 역사임을 강조합니다. 이것을 잊어서는 안 됩니다. 항상 본문 말씀 안에서 그 사역의 구별과 강조를 바르게 인식해야 합니다.

그런데 보혜사 성령이라는 말에서 '보혜사'라는 용어는

참으로 번역하기 어렵습니다. 한 단어로 설명하기 불가능합니다. 그래서 권위 있는 영어성경을 보면 대표적으로 세 용어로 설명합니다. 먼저 'the comforter', 위안자, 위로자입니다. 또 'the counselor', 상담자, 지도자입니다. 또 하나가 'the advocator', 대변자, 옹호자입니다. 한국어 성경을 보면 '보혜사', '협조자', '보호자'로 번역합니다. 그러면 보혜사라는 성령의 주된 사역이 무엇입니까? 결론부터 말씀드리면, 이 모든 번역, 모두입니다. 성령께서는 우리 안에서 위로하시고, 상담하시고, 지도하시고, 인도하시고, 대변하시고, 옹호하십니다. 우리 안에 계시며 인격적으로 이런 일을 행하십니다. 그래서 보다 더 본질적인 성경적 의미를 깨닫기 위해서는 당시 기록인 헬라어 용어를 알 필요가 있습니다. '파라클레토스', 이것이 보혜사라는 의미입니다. 원뜻은 '청함을 받은 자'입니다. 곁으로 청함 받은 분입니다. 조금 더 의미를 확대하면 이렇습니다. 우리가 때로는 의심과 불신과 불확실 속에 살아갑니다. 시련과 고통과 역경, 큰 위기 상황에도 놓입니다. 그럴 때 우리를 돕기 위하여 청함 받은 분, 그분이 보혜사입니다. 우리가 연약할 때, 도저히 연약해서 감당할 수 없는 그런 상황에 놓일 때 우리를 돕기 위해서 청함 받은 분, 그 뜻이 보혜사입니다.

보혜사 성령과 함께하는 삶

본문의 상황은 이렇습니다. 예수님께서 이제 내일이면 십자가를 지시고 죽으십니다. 그래서 이 사건을 앞에 놓고 예수님께서 말씀하십니다. 며칠 후, 부활하시면 다시 만나지만, 곧 승천하심으로 영원히 함께하지는 않으실 것을 말씀하십니다. 이것을 예고하십니다. "너희와 함께하지 아니하리라. 내가 너희를 떠나리라. 너희는 나에게 올 수 없으리라." 이 말씀을 듣고 제자들이 깜짝 놀랍니다. 충격을 받습니다. 그리고 마음속에 큰 두려움과 근심이 나타났습니다. 그때 주신 말씀입니다. "보혜사 성령이 오심으로 두려워하지 마라 근심하지 마라."

요한복음 14장 16절에 '다른 보혜사'라는 용어를 쓰십니다. 그러니까 성경 안에서 보면 보혜사는 두 분인 것입니다. 예수 그리스도가 첫째요, 두 번째가 성령님이십니다. 두 분의 보혜사가 하나님의 은혜로 이 땅에 우리를 돕기 위하여 보내졌습니다. 좀 더 예수님의 상황 속에서 생각해 보십시오. 예수님이 이 땅에 오셔서 제자들과 함께했습니다. 3년간 함께하셔서 무엇을 하신 것입니까? 복음을 가르치시고 함께하시어 주의 길로 인도하셨습니다. 때로는 그들을 위로하시고 지도하시며 대변하셨습니다. 그런데 이제 예수님은 부활 승천하실 것입니다. 다시는 제자들과 함께할 수 없습니다. 누군가가 그 일을 대신해 주어야만 하나님의 부르심 받은 자들이 이 땅에서 승리할 수 있습니다. 그분이 바로 보혜사 성령이십니다. 이제 보혜사 성령께서 예수님이 부활 승천하신 후에 이 땅에 오셔서 예수님이 공생애 동안 하셨던 일을 계속해서 행하신다는 의미입니다. 이것을 잊어서는 안 됩니다. 그러나 '파라클레토스'라는 단어의 의미 그대로 그분은 청함 받은 분이라서 청함 받기 전에는 우리 안에 역사하지 않으십니다. 그래서 인격의 하나님입니다. 인격적 역사를 한다고 말씀합니다.

예수님을 생각해 보십시오. 당시 예수님이 세상의 구주로 오셨고, 은혜와 사랑의 복음을 전하시고, 함께하시고 위로하시며 대변하심으로 놀라운 역사를 행하셨지만, 예수님을 나의 구주로 청하지 않으면 아무 소용없습니다. 인간이 나의 구주로 영접하지 않으면, 한마디로 예수님을 청하지 않으면 아무 소용없습니다. 이처럼 성령께서 내 안에 계신다거나 역사하신다고 말하면서 말만 하고 청하지 않으면, 성령은 아무 일도 행하지 않으십니다. 그래서 인격적 역사라는 표현을 씁니다. 그런고로 성령의 존재를 아는 사람들은 매일 매시간 성령을 청해야 합니다. "보혜사 성령이시여, 내 안에 거하소서. 내가 이것을 믿고 아오니, 나를 도우소서. 나를 바른 길로 인도하소서. 나는 그런 능력이 없습니다. 분별력이 없습니다. 지혜가 없습니다. 나를 주의 길로 인도하소서. 주와 동행하게 하소서. 그곳에서 주의 말씀을 듣게 하소서. 승리케 하소서." 보혜사 성령을 항상 청하며, 성령께 기도하며, 삶을 의탁하며, 순종해야 합니다.

『탈무드』에 이런 이야기가 있습니다. 돈이 필요한 유대인이 친구를 만나서 한숨을 쉬며 어려운 형편을 하소연합니다. "자본이 부족해서 죽을 지경이야. 돈이 없어서 큰일 났어. 곧 내 사업이 망하게 됐어." 그러자 친구가 "뭘 그런 걸 걱정하나? 하나님이 알아서 해주실 거야. 걱정하지 마"라고 했습니다. 이때 유대인이 신이 나서 친구에게 물었답니다. "그럼, 자네가 하나님을 담보로 내게 돈 좀 빌려줘."

성도 여러분, 하나님을 추상화하고, 하나님의 이름을 망령되이 일컫는 것은 불신앙입니다. 성령 하나님을 세상의 무엇과 비교하며 바꿀 수 있겠습니까? 한번 조용히 자신에게 질문해 보십시오. 세상 그 무엇과도 성령 하나님을 비교하며 바꿀 수 없습니다. 아무것도 없다는 걸 알아야 합니다. 우리가 복음을 말하는데, 복음 중의 복음이 성령 하나님입니다. 성령 하나님을 우리에게 주시어 믿는 자, 구원받은 자와 함께 거주하게 하신다는 사실보다 더 큰 복음은 없습니다.

보혜사 성령의 역사

그렇다면 보혜사 성령께서 내 안에 어떻게 역사하십니까? 도대체 어떻게 인격적으로 역사하십니까? 성경은 두 가지 방식으로 인격적인 역사를 말씀합니다. 첫째가 외적이고, 둘째가 내적입니다. 외적으로는 복음의 증인이 되게 하십니다. 하나님의, 예수님의 살아 있는 증인으로 담대한 인생을 살게 하십니다. 사도행전 1장 8절에 이런 기록이 있습니다. 유명한 말씀입니다. "오직 성령이 너희에게 임하시면 너희가 권능을 받고 … 내 증인이 되리라." 성령께서 이렇게 되도록 인격적으로 역사하십니다. 이것이 외적인 역사입니다. 그리고 내적인 역사는 진리의 성령이 우리를 진리 가운데로 인도하십니다. 보혜사 성령께서 복음 진리로 인도하시어 복음의 약속과 소망이 내 안에 성취되게 하십니다. 그래서 하나님의 사랑을 정말로 깨닫고, 믿고, 고백하며 기뻐합니다. 그리고 그 사랑을 전합니다. 거룩한 삶을 살게 하십니다. 내적 변화를 이루십니다. 인격적 변화를 이루십니다. 신앙의 열매를 맺게 하시고, 성령의 열매를 거두게 하십니다. 이것이 보혜사 성령의 인격적 역사입니다.

성령님은 주권적 의지를 갖고 계신 분입니다. 그래서 주권적 역사로 하나님의 뜻을 깨닫고 기뻐하며, 우리 안에서 역사를 이루십니다. 이것을 잊어서는 안 됩니다. 오늘날 많은 사람이 성령 충만을 구하고 성령께 삶을 의탁하면서 자꾸 내 뜻을 이루고, 내 소원에 집착하고, 세상에서의 성공과 부와 건강으로만 끌려갑니다. 이것은 성령을 왜곡하는 것입니다. 보혜사 성령이 어떤 역사를 하시는지를 지금 망각하는 것입니다. 불신앙입니다. 그래서 26절의 말씀, 보혜사 성령에 관한 고귀한 예수님의 말씀에 항상 귀를 기울이시기 바랍니다. "보혜사 곧 아버지께서 내 이름으로 보내실 성령 그가 너희에게 모든 것을 가르치고 내가 너희에게 말한 모든 것을 생각나게 하리라." 모든 것을 가르치고, 모든 것을 생각나게 하신다고 말씀합니다.

성도 여러분, 모든 것이란 무엇입니까? 내가 원하는 모든 것이 아닙니다. 예수님이 말씀하신 모든 것은 하나님을 아는 지식, 그리스도를 아는 지식, 그 충만한 모든 것입니다. 그 외의 것이 아닙니다. 보혜사 성령께서 성경 안에 기록된 하나님을 아는 지식, 그리스도를 아는 지식의 충만함에 이르게 하십니다. 이것을 체험하며 고백할 수 있어야 합니다.

이런 특별한 역사를 우리는 조명(enlightenment)이라고 합니다. 이것은 어둠 속에 빛이 비추는 역사와 같은 것입니다. 영적 시력을 잃었습니다. 어둠 속에 있기에 성경에서 하나님의 말씀을 듣지 못합니다. 깨닫지 못합니다. 그런데 성령이 임하시면 내 안에서, 성경 속에서 하나님의 말씀을 듣게 하시고 깨닫게 하십니다. 기뻐하게 하십니다. 소망하게 하십니다. 내게 주시는 말씀을 듣게 하십니다. 성령의 역사가 있어야 합니다. 죄송하지만, 성경의 글자들은 죽은 것이라고 말할 수 있습니다. 불교의 경전이나 이슬람의 경전처럼 죽은 글씨에 해당합니다. 그러나 성령이 조명해 주시면 하나님의 말씀이 됩니다. 살아 계신 하나님의 음성으로 내게 들립니다. 참 감사한 일입니다. 가르치시고 조명해 주십니다. 우리에게 영적 시력을 주십니다. 드디어 보게 하십니다. 알게 하십니다. 느끼게 하십니다. 듣게 하십니다. 영접하게 하십니다.

그리고 더 귀한 말씀을 해주시는데, 그것은 생각나게 하신다는 것입니다. 자, 우리의 형편을 생각해 보십시오. 귀한 말씀에 저나 여러분이나 큰 감동을 받고 말씀대로 살고 싶은데, 어떤 사람은 한 시간 뒤에 또 어떤 사람은 일주일 뒤에 다 잊어버립니다. 우리는 망각할 수밖에 없는 존재입니다. 그리고 어떤 사람이나 무엇인가에 또다시 끌려갑니다. 계속 새로운 것을 추구합니다. 결국은 내게 주신 말씀을, 내게 주신 은혜를 망각합니다. 그런데 감사한 것은 보혜사 성령께서 내 안에 계시면 그 귀한 하나님의 말씀이 생각나게 하십니다. 내가 시련을 겪을 때, 역경에 있을 때, 건강을 잃었을 때, 위로가 필요할 때, 상담이 필요할 때, 가장 연약할 때 하나님의 말씀이 필요한데, 이때 꼭 필요한 말씀이 생각나게 하십니다. 이때 창세기부터 요한계시록까지 다 읽을 수 없고 또 읽어도 알지 못하지만 꼭 필요한 말씀을, 보혜사 성령께서 생각나게 하십니다. 얼마나 감사한 일입니까!

특별히 복음의 증인으로 전도할 때 생각나게 하십니다. 사도행전 2장을 보십시오. 교회와 기독교와 거듭난 그리스도인이 태동할 때, 사도 베드로가 설교를 합니다. 잘 아시는 대로 그 이전 성령 받기 전의 베드로는 십자가의 사건 앞에 도망가던 자요, 부활하신 그리스도를 만나고도 부끄러워 고향으로 가던 어부였습니다. 그런데 성령 충만함이 임하니, 언젠가 읽고 깨달은 시편과 요엘 말씀이 그 현장에서 생각납니다. 그리고 그 말씀을 근거로 복음을 선포합니다. 그 말씀을 믿는 거듭난 무리가 3,000명이나 나타납니다. 이것이 성령의 역사입니다. 꼭 필요할 때 주의 복음과 진리를 가르치실 뿐만 아니라, 생각나게 해주십니다.

성도 여러분, 보혜사 성령의 이 놀라운 은혜와 역사를 체험하며 살아가십니까? 이것은 반드시 체험해야 합니다. 이를 위해 매일 매시간 보혜사 성령께 청해야 됩니다. "내 안에 계시옵소서. 내 안에 들어오소서. 내 안에서 역사해 주소서." 성령께 기도하고 성령께 삶을 의탁해야 성령의 역사를 인격적으로 체험하며 동참할 수 있습니다. 그리고 그 이상을 성령께서 행하십니다. 그 고귀한 복음을 믿게 하시고, 약속의 소망을 갖게 하시며, 하나님의 신령한 말씀을 분별하게 하십니다. 누리게 하시고, 하나님께 순종하여 영화에 이르게 하십니다. 본문 말씀 중에 예수님께서 "나의 평안을 너희에게 주노라"고 말씀하십니다. 예수님은 하나님 우편에 앉아 계신데, 도대체 어떻게 주겠다는 것입니까? 그 질문의 답이 이것입니다. 성령께서 주십니다. 성령께서 주의 평안을 알게 하시고 누리게 하십니다. 얼마나 감사한 일입니까!

보혜사 성령을 주신 목적

중국 선교의 아버지라 불리는 허드슨 테일러의 유명한 일화입니다. 그는 중국 오지에 들어가 열심히 선교를 담당했습니다. 아무도 가지 않은 미지의 세계, 그 당시 불확실한 땅인 중국에서 헌신하는 그의 삶을 생각해 보십시오. 이는 대단하고 위대한 믿음입니다. 그러나 시간이 갈수록 어려움이 닥쳐 사역이 무너지고, 육체에 심한 질병이 찾아왔습니다. 한마디로 약해질 대로 약해지고 무력해졌습니다. 그때 여동생의 편지 한 통을 받게 됩니다. "오빠, 오빠는 포도나무의 가지일 뿐, 포도나무가 아니에요. 가지가 할 일은 그저 나무에 붙어 있는 거예요. 가지는 줄기로부터 영양분을 흡수할 때 저절로 열매를 맺는 거예요. 염려하지 말고 포도나무이신 주님 안에 거하세요. 그리고 성령이 도우시는 역사를 믿으세요, 오빠."

허드슨 테일러는 이 편지 이전에도 성령을 알았고, 성령의 복음을 전했습니다. 그러나 불확실했고 온전히 의탁하지 않았습니다. 그는 이 편지로 다시 용기를 얻고 믿음을 회복합니다. 그리고 매일매일 성령의 도우심을 간구하며 사역을 다시 시작합니다. 놀랍게도 그는 그 이후로 사역의 열매를 맺게 되었습니다. 그리고 훗날 영국에 왔을 때, 이 사건을 이렇게 고백합니다. "전 사역의 열매를 맺기 위해 최선을 다했지만 불가능했습니다. 무기력과 절망에 빠졌던 어느 날, 동생의 편지를 받고 무릎을 꿇게 되었습니다. 주 안에 거함을 확실히 믿게 되었습니다. 그리고 성령이 나와 함께 계신다는 사실과 성령이 나를 돕고 계심을 확실히 믿게 되었습니다. 그랬더니 제 인생은 감사와 기쁨으로 변하고, 사역의 열매가 맺히기 시작했습니다."

성도 여러분, 하나님께서 보혜사 성령을 주신 목적은 오직 하나입니다. 예수 그리스도입니다. 예수 그리스도께서 부활 승천하신 후에 다시는 세상에 거하지 않으십니다. 누군가가 그 역할을 계속하셔야만 복음의 역사가 나타나고, 하나님과 동행하는 삶을 살아가게 됩니다. 그분이 보혜사 성령입니다. 그래서 성령께서는 항상 예수 그리스도께로 인도하여 그리스도를 아는 지식의 충만함에 이르게 하십니다. 살아 계신 그리스도를 갈망하며, 그리스도를 본받는 대로 살아가게 하십니다. 결과적으로 그리스도와 연합하여 믿음으로 그리스도의 영광을 나타내는 승리의 삶을 살아가게 됩니다.

성도 여러분, 신약성경을 읽을 때 중요한 키워드는 '예수 그리스도 안에서', '주 안에서', '예수 안에서', '그리스도 안에서'와 같은 표현입니다. 한마디로 '예수 그리스도 안'이라고 정의하는데, 수백 번 이상 나옵니다. 도대체 이게 무슨 의미입니까? 하나님 우편에 앉아 계신 분인데 무슨 말씀입니까? '그리스도 안'이라는 것은 실제 하나님의 약속을 말합니다. 이것은 성령과 함께 있다는 것을 말합니다. 성령 하나님,

보혜사 성령께서 함께하시므로 그 도우심을 받아 우리는 예수 그리스도 안으로 들어갑니다. 그럴 때 살아 계신 그리스도가 내 안에 있음을 고백합니다. 사실 살아 계신 그리스도는 하나님의 우편에 앉아 계십니다. 그럼에도 불구하고 삼위일체 하나님의 역사하심으로 보혜사 성령 안에서 살아 계신 그리스도가 나와 함께 있음을 고백하며 기뻐하게 됩니다.

성도 여러분, 오직 거듭난 그리스도인뿐입니다. 오직 성령을 알고 믿으며 받은 거듭난 그리스도인만이 이 놀라운 복음의 역사를 체험하고 고백하게 됩니다. 날마다 성령의 인도하심을 실제로 느끼며 고백하고 찬송하는 가운데 성령의 열매를 맺는 승리의 삶을 살아가게 됩니다. 보혜사 성령께서 우리 안에 계십니다. 확실히 믿고 그 역사를 분별하며, 영적 분별력을 가지고 오늘을 살아가야 합니다. 성령을 믿는 자는 매일, 매시간 성령께 기도하며 성령께 삶을 의탁하며 순종합니다. 그럴 때 우리 안에 놀라운 영적 변화가 일어나며, 영적 시력을 가지고 복음의 증인으로 하나님께 영광 돌리는 형통한 삶을 살아가게 되는 것입니다.

전지전능하신 은혜의 하나님, 어둠 속의 세상 안에서 육신에 속한 자로 살아갈 수밖에 없는 미천한 죄인을 오직 주의 복음을 듣고 믿음으로 성령을 선물로 받아 이제는 보혜사 성령의 존재와 역사를 인식하며, 그 성령님께 삶을 의탁하며, 깨어 기도하며, 영 주도적인 삶을 이 땅에서 살아가게 해주심을 진심으로 감사드립니다. 이 놀라운 구속의 은혜를 찬양하며, 진심으로 기뻐하며, 그 은혜의 응답으로 오늘을 살게 해주심을 진심으로 감사드립니다. 성령이시여, 성령을 받은 자로 성령의 존재를 무시하고, 망각하며, 성령 없이 무엇인가를 할 수 있고, 가능하다고 생각하는 불신앙의 삶을 깨끗이 제거하며, 이제는 이 땅에서 성령의 인도하심에 따라 영생의 삶을 살게 하여주시옵소서. 내 주변에 성령의 존재와 역사를 알지 못하는 수많은 사람들이 있습니다. 성령이시여, 그들에게 나를 통하여 성령의 역사를 증거하며, 복음의 역사를 전파하며, 이 놀라운 은혜의 선물을 자랑하며, 기뻐하는 승리의 삶을 살아갈 수 있도록 함께하여 주시옵소서. 우리 주 예수 그리스도의 이름으로 간절히 기도드리옵나이다. 아멘.

04
———
중생

우리를 구원하시되 우리가 행한 바 의로운 행위로 말미암지 아니하고
오직 그의 긍휼하심을 따라 중생의 씻음과 성령의 새롭게 하심으로
하셨나니 우리 구주 예수 그리스도로 말미암아 우리에게 그 성령을 풍성히
부어 주사 우리로 그의 은혜를 힘입어 의롭다 하심을 얻어
영생의 소망을 따라 상속자가 되게 하려 하심이라

디도서 3:5-7

04

중생

감리교의 창시자인 존 웨슬리 목사가 체험했던 중요한 사건을 소개하겠습니다. 그는 젊은 시절 인디언들을 전도하기 위해 미국으로 건너가 조지아에 머물렀습니다. 거기서 열심히 전도를 하였지만, 생각대로 되지 않아 그는 큰 실패를 경험했습니다. 그리고 다시 배를 타고 영국으로 돌아가는 길에 대서양에서 큰 풍랑을 만납니다. 모두가 벌벌 떨고 있는 가운데 한쪽 구석에서 찬송 소리가 들렸습니다. 가서 보니 몇몇 사람이 기쁜 표정으로 찬송을 부르고 있었습니다. 그들에게 가서 물었습니다. "무서운 풍랑 속에서 어떻게 평화롭게 찬송을 부를 수 있습니까?" 그러자 그 사람들이 되물었습니다.

"당신 예수 믿소?" "아, 믿습니다." "그렇다면 당신 중생했소?" 자신은 선교사로 복음의 열정을 갖고 선교 사역을 하는 사람이었지만, 이 질문에 대답을 하지 못했습니다.

영국으로 돌아온 웨슬리는 낙심한 채 며칠을 보냈고, 그 풍랑 속에서 찬송 부르던 사람들이 다니는 교회를 기억하고 찾아가 예배를 드렸습니다. 거기에는 얼마 되지 않는 소수의 인원들이 있었고 또한 설교자가 설교 준비를 전혀 하지 않았습니다. 그래서 루터가 쓴 로마서 주석의 서문을 그대로 읽고 있었습니다. 그럼에도 불구하고 그 시간 이상하게도 마음이 뜨거워지며 눈물을 펑펑 쏟았습니다. 그리고 그날 집에 들어가 일기장에 이렇게 기록했습니다. "나는 오늘 이 시간 중생했다. 나는 거듭난 이 시간을 평생 잊지 못할 것이다."

중생과 거듭남

성도 여러분, 중생했습니까? 중생이 무엇인지를 알며, 중생이 어떻게 이루어지는지를 알며 오늘을 살아가십니까? 중생의 증인으로 살며, 중생의 복음을 전파하며 오늘을 살아가십니까? 깊이 생각해야 합니다. 구원과 중생은 절대적 관계에 있습니다. 아무리 신학 공부를 하고, 선교사로의 삶을 살고, 많은 하나님의 일을 하더라도 중생하지 못하면 구원은 없습니다. 중생하지 못하면 천국에 들어가지 못합니다. 내가 아무리 천국 백성이요, 천국에 들어갈 걸 확신한다고 하더라도 중생하지 못했다면 천국에 들어갈 수 없습니다. 예수님께서 요한복음 3장에 명백히 말씀하셨습니다. "사람이 거듭나지 아니하면 하나님의 나라를 볼 수 없느니라." 하나님 나라를 볼 수도 없고, 알 수도 없다고 하셨습니다.

중생과 거듭남은 동의어입니다. 이 중생의 중요성을 분명히 알고 오늘을 살아가야 합니다. 영어로 중생은 rebirth 또는 regeneration이라고 표현합니다. 번역하면 '새로운 출생' 또는 '갱생'입니다. 의미적으로는 다시 살아나는 것을 의미합니다. 이것은 육체적 사건이 아닙니다. 이것을 분명히 기억해야 합니다. 육체 안에 일어난 그 무엇이 아닙니다. 이것은 영적인 사건입니다. 그래서 영적으로 새로운 사건이 내 안에 발생한 것을 의미합니다. 예수님께서 요한복음 3장 6절에서 말씀하십니다. "육으로 난 것은 육이요, 성령으로 난 것은 영이니." 이것은 육의 사건이 아니라, 성령의 사건입니다. 성령 안에서 영적으로 출생했습니다. 다시 새로워졌습니다. 영생이 내 안에 발생합니다. 이것을 기억해야 합니다.

이 중생은 인간의 노력과 열심, 깊은 깨달음과 헌신과 공로로 이루어지는 게 절대 아닙니다. 오직 성령의 역사로만 가능합니다. 보혜사 성령께서 내 안에 계셔서 행하시는 첫 번째 구원의 사역이 바로 중생입니다. 이 중요성을 항상 인식해야 합니다. 성경에 보면 하나님의 구원의 역사 속에 수많은 구원의 약속과 사건이 나타나 있습니다. 하나님의 부르심, 소명, 회개, 믿음, 그리고 칭의, 양자됨, 성화, 영화, 상속 등 수많은 복음의 약속들이 있는데, 그중에 가장 본질적이고 우선되는 것이 중생입니다. 복음의 기초이며, 복음의 본질입니다. 이 중생이 있어야만 그 나머지 하나님의 약속들이 내 안에 성취됩니다.

그럼에도 불구하고 오늘 이 시대를 한번 생각해 보십시오. 나 자신을 생각해 보십시오. 중생의 중요성을 알지 못합니다. 중생했는지 안했는지 모릅니다. 고백하지를 않습니다. 중생했느냐를 별로 중요하게 생각하지 않는 것 같습니다. 교회 다니느냐, 예수 믿었느냐, 얼마나 하나님의 일을 하느냐를 더 중요하게 여기는 것 같아 보입니다. 이것은 병든 교회의 단면입니다. 한마디로 중생 없는 믿음에 만족합니다. 중생 없는 구원이 가능하다고 생각합니다. 천만의 말씀입니다. 그래서 오래전 구세군의 창시자인 윌리엄 부스가 다가올 미래에 대한 경고를 했습니다. 성령 충만하여 분명히 경고합니다. "중생 없는 구원이 기독교 안에 널리 나타날 것이다." 이것은 교회와 기독교의 타락을 말합니다. 이것을 분별해야 합니다.

이 중생은 무의식 가운데 일어납니다. 여기에 중요한 의미가 있습니다. 다시 말해서 중생은 내가 체험하기 이전에 있는 사건이요, 의식 이전에 이루어지는 사건입니다. 그래서 출생이라고 이해하기보다는, 발생이 더 옳습니다. 왜냐하면 출생이라는 것은 육체 안에서 벌어지는, 육체 안에서 경험되는 사건으로 인식되기 때문입니다. 그런데 중생은 그 이전의 사건이요, 무의식 가운데 일어나는 하나님의 은총적 사건입니다. 즉 영생이 내게 주어졌다는 것을 그 즉시 알 수 있나요? 영생을 받았다는 것은 다만 영생의 결과로 아는 것입니다. 영생은 무의식 가운데 되는 사건이기 때문입니다. 그런고로 하나님의 사람 존 웨슬리가 "나는 오늘 중생했다. 결코 이 시간을 잊지 못한다"고 한 것은 중생의 결과를 체험했다는 말입니다. 중생 자체가 아닙니다. 그에게 꼭 필요한 체험이기에 하나님께서 은사적으로 주셨습니다. 이런 동일한 체험이 모든 중생한 자에게 나타나지는 않습니다. 꼭 그럴 필요가 없습니다. 다양한 방법으로 중생의 결과를 맛보게 됩니다. 분명한 것은 중생은 이미 하나님의 자녀에게 무의식 가운데 시작된, 발생된 그 무엇이라는 것입니다.

성경에서 살펴본 중생의 의미

그래서 중생이라는 용어, 성경적 용어를 좀 생각해 볼 필요가 있습니다. 참 놀라운 사실은 신구약 전체에서 중생이란 단어가 딱 한 번 나옵니다. 이처럼 중요한 단어가 단 한 번 나온다는 것이 놀랍습니다. 바로 본문 말씀입니다. 3장 5절에 딱 한 번 나오는 용어입니다. 그러나 동의어가 있다는 걸 잊지 마십시오. '거듭남'이 같은 언어입니다. 요한복음 3장에 두 번이나 예수님께서 반복해서 말씀하십니다. 또한 같은 의미의 언어로 '하나님께 낳은 자'를 알아야 합니다. 하나님께로부터 '낳았다', '출생했다', 'born'이라는 표현이 성경에 많이 기록됩니다. 그래서 조금 변화되어 '성령으로 낳았다', '진리로 낳았다'도 중생이라는 표현입니다. 또 다른 표현인 '새로운 피조물', '새 사람이 되었다'도 중생을 의미합니다. 그리고 가장 많이 표현되는 언어가 '살리셨다'입니다. 에베소서 2장 1절에 "허물과 죄로 죽었던 너희를 살리셨도다"고 말씀합니다. 이것이 중생입니다. "다시 살리셨다." 구약성경에도 이런 표현이 많이 나타납니다. 중생입니다. 이것은 무의식 가운데 일어난 사건입니다. 우리에게 친숙한 언어인 '부흥'(revival)도 다시 살아나는 것입니다. 중생입니다. 중생의 결과로 나타나는 것이 부흥인데, 부흥을 말하면서 중생이 뭔지를 모릅니다. 중생의 확신도 갈망도 없습니다. 그것은 종교적 성장일 뿐이지, 복음이 말하고 기독교가 말하는 부흥이 전혀 아닙니다.

18세기 영국 대부흥을 주도했던 위대한 설교가 조지 휫필드 목사의 유명한 일화가 있습니다. 저도 무척 존경하는데, 그는 요한복음 3장을 주제로 거듭남에 대한 메시지를 무려 천 번 이상 설교하셨습니다. 참 부럽습니다. 천 번씩이나 계속해서 하면 다 도망갈 것 같아서 못하겠는데, 그는 곳곳에서 오직 거듭남, 이 중생을 설교했습니다. 그러자 많은 사람이 불만을 가졌습니다. 어떤 사람이 대표로 물었습니다. "목사님, 도대체 왜 거듭남이라는 주제를 이처럼 많이 설교하십니까?" 그는 준비된 대답을 이렇게 했답니다. "당신이 거듭나야 하기 때문이요." 거듭나지 않으면 아무 소용없습니다. 중생을 모른다면, 중생하지 않았다면 한낱 종교적 열심일 뿐이라는 것을 분명히 기억해야 합니다. 중생 없이는 구원이 없고, 중생 없는 믿음은 헛것입니다.

오늘날 많은 신학자와 목회자들이 회심과 중생을 혼동합니다. 너무나 비슷해서 그렇습니다. 그러나 이것은 차원이 다른 것입니다. 생각해 보십시오. 회심은 내가 회개하고 믿는 것입니다. 내 의식 속에서 나의 결단을 포함합니다. 그런고로 이것은 중생이 아닙니다. 왜냐하면 무의식 속에 일어나는 것이 아니기 때문입니다. 그래서 회심은 중생의 결과입니다. 그처럼 중생은 신비로운 것입니다. 요한복음 3장에서 예수님께서 성령의 역사를 이렇게 말씀하십니다. "바람이 임의로 불매." 바람이 어디로 와서 어디로 가는지 알지 못합니다. 다만 바람이 불었다는 결과를 느끼고 알 수 있을 뿐입니다. 이처럼 성령 주도적인 중생의 역사는 알 수 없습니다. 인식 이전의 일입니다. 그러나 중생의 결과로 알 수 있습니다. 그중의 하나가 회심입니다. 중생은 성령 주도적인 것입니다. 내 도움이 필요 없습니다. 내가 회개하고, 내가 믿고, 내가 하나님 일을 하는 것과는 상관없습니다. 무의식 가운데 되는 신비로운 하나님의 은혜입니다. 전적인 은혜로 되는 구원의 역사입니다. 이것을 분명히 분별해야 합니다. 만일 내가 중생의 확신이 없고 중생이 뭔지 모른다면, 성령님께 간절히 중생을 구해야 합니다. 오직 성령님만이 우리 안에서 행하실 수 있는 일입니다. 오직 은혜로 되는 사건이기 때문입니다.

중생의 소극적 차원과 적극적 차원

중생, 거듭남을 소극적 차원에서 정의 내릴 때, 먼저는 육체 안에서 되는 무엇이 아닙니다. 자꾸 체험적으로 설명하려 들면 안 됩니다. 이것은 영적인 것입니다. 또한 중생은 즉각적인 변화나 결과가 일어나는 것이 아닙니다. 무의식 속에서 된 것이기 때문입니다. 내가 중생했다고 즉각적으로 인격적 변화가 나타나지 않습니다. 또한 중생이란 완전한 변화가 아닙니다. 구원의 완성이 아닙니다. 구원의 본질이요, 시작입니다. 그러나 중생이 없다면 구원받지도 못하고, 하나님의 약속을 성취하지도 못합니다.

그리고 중생을 적극적 차원에서 설명하면, 먼저는 단번에 일어나고 발생하는 사건입니다. 두 번 세 번 지속될 필요가 없습니다. 단번에 일어나는 사건입니다. 마치 영생이 단번에 우리에게 주어지듯, 성령께서 단 한 번으로 행하시는 역사가 중생입니다. 그리고 중생은 그 단 한 번의 사건 속에 급진적인 변화로 일어납니다. 아주 급진적입니다. 점진적인 변화가 아닙니다. 그래서 중생의 결과 급진적으로 예수를 주님이라고 고백합니다. 말로 하고, 행동으로 표현합니다. 급진적인 중생의 열매입니다.

이 중생이라는 것은 성장하지 않습니다. 육체 밖에 있는 일입니다. 영적인 생명이 있고 없고의 문제입니다. 영생이 있고 없고의 문제입니다. 단번에 일어나는 급진적인 결과입니다.

그래서 영생이 급진적으로 올 때 가치관이 변화됩니다. 인생의 모든 방향성이 전환됩니다. 사도 바울을 생각해 보십시오. 그가 중생하니 율법으로부터 복음으로, 나로부터 하나님께로 완전히 급진적으로 변화됩니다. 무엇인가를 깊이 생각하는 것이 아닙니다. 생각은 그 다음입니다. 지금까지 자신이 믿고 따랐던 유대 종교를 완전히 버리고, 예수 그리스도를 향한 방향의 전환이 일어납니다. 이처럼 급진적인 성령의 주도적 역사가 내 안에서 말과 행동으로 나타나기 시작합니다.

또한 중생이란 철저히 영적입니다. 그래서 내 전인격의 지·정·의에 영향을 미칩니다. 지적으로나 감성적으로나 의지적으로 영적인 세계와 존재와 진리에 대하여 관심을 갖게 됩니다. 정말 알고 싶은 것입니다. 그리고 영 주도적인 삶을 지향하게 됩니다. 오직 하나님만을 소망합니다. 이전에 소망했던 것을 다 버립니다. 급진적으로 오직 하나님만을 소망합니다. 하나님께 영광 돌리기를 소망하고, 하나님의 은혜를 소망하고, 하나님에게 속한 자로 살기를 소망합니다. 그러니 나와 세상은 작아지고 없어집니다. 그래서 하나님 중심의 삶이 시작됩니다.

그리고 하나님을 아는 지식을 갈망합니다. 하나님의 뜻을 분별하기를 갈망합니다. 그 결과 예수 그리스도 안에서 믿음으로 연합한 삶을 지향합니다. 또한 중생한 자는 항상 성령께 삶을 의지합니다. 성령께서 나로 중생하게 했으니, 항상 그분이 먼저입니다. 성령 하나님을 의존합니다. 진리의 성령을 갈망하며, 복음 진리에 거하며, 보혜사 성령과 함께함을 인식하고 고백하며 오늘을 삽니다. 성도 여러분, 중생한 자는 명백히 압니다. 성령의 역사가 아니라면 아무것도 아닌 것을요. 성령이 없이는 나의 믿음, 나의 구원, 나의 소망, 나의 열심이 아무것도 아닙니다. 결국 실패하리라는 것을 압니다. 중생의 믿음과 구원만이 승리합니다.

중생의 중요성을 인식하는 삶

본문 말씀에서 구원의 비밀에 대하여 명백하게 선언합니다. 구원이란, 우리의 의나 힘으로 되는 것이 아닙니다. '아니다'를 먼저 선포합니다. 그리고 '그렇다'를 가장 성경적이고 복음적인 구원의 역사로 세 가지 말합니다. 먼저, 오직 그의 긍휼하심을 따르는 하나님의 은혜입니다. 하나님의 은혜로 성령의 역사가 있고 중생의 역사가 있습니다. 복음의 역사가 있습니다. 이 모든 것이 하나님의 은혜였습니다. 은혜의 계획과 실행이었습니다. 또한 성경은 중생의 씻음과 중생이 인식

되기 이전에 있는 신비로운 은혜로 말미암아 구원의 역사에 영생을 소유한 자로 참여하게 되었음을 말씀합니다. 그리고 마지막으로 성령의 새롭게 하심이 중생으로 말미암아 계속됨을 설명합니다. 젊다고 항상 느끼는 것이 아닙니다. 오히려 나이 들수록, 고령으로 갈수록 점점 성령으로 새롭게 하심을 수많은 체험을 통해서 인식하며 기뻐하게 됩니다. 하나님의 은혜, 중생, 성령으로 인하여 구원이 시작되고 완성됩니다.

성도 여러분, 중생의 중요성을 항상 인식하며 오늘을 살아가야 합니다. 중생하지 못했다면 아무것도 아닙니다. 한낱 종교인일 뿐입니다. 우리 안에 거하신 보혜사 성령께서 제일 먼저 중생의 역사를 일으키신다는 것을 인식하며 오늘을 살아야 합니다. 그 중생이 내 안에 발생했는지 분별하고, 중생을 사모하며 중생의 삶을 살아가야 합니다. 이것이 복음입니다. 오직 은혜로 되는 복음입니다. 내가 행하기 전에, 그보다 먼저 내가 인식하기 전에 하나님의 초월적 은혜와 사랑과 지혜 가운데 성령을 통하여 중생의 역사가 나타났습니다. 중생한 자만이 의롭게 되고, 하나님의 자녀가 되고, 성화되고, 영화되고, 상속자가 됩니다. 중생하지 못한 자는 하나님의 약속을 성취할 수 없습니다.

미국 「뉴스위크」지가 선정하는 '미국을 움직이는 20인'의

명단에 수십 년간 들어간 인물이 있습니다. 바로 닉슨 대통령의 가장 실력 있는 보좌관이었던 찰스 콜슨입니다. 그는 닉슨의 워터게이트 사건에 연루되어서 오랜 기간 감옥생활을 합니다. 그런데 예수 잘 믿는 구원받은 친구를 두었고, 그에게서 책 두 권을 받았습니다. 하나는 성경책이고, 또 하나는 C. S. 루이스의 『순전한 기독교』입니다. 그는 이 책을 열심히 읽었습니다. 그리고 감옥에서 놀라운 변화를 체험합니다. 그는 정치적 야망을 가진 야망가였지만, 모든 걸 내려놓고 오직 예수 그리스도께 무릎을 꿇고는 하나님을 경외하며 하나님께 영광 돌리는 새 사람이 되기를 결단합니다. 그리고 거듭남을 체험하게 됩니다. 감옥에서 나와 곧바로 쓴 책이 『거듭남』으로, 이 책이 베스트셀러가 됩니다. 미국에 엄청난 영향을 끼칩니다. 어느 정도냐 하면 이 책의 영향을 받아 미국 대선 때마다, 지금도 많은 그리스도인이 대통령 후보로 나온 사람에게 과연 거듭난 사람인가를 물을 정도입니다. 어느 교단 사람인지 또 교회를 얼마나 다녔는지, 얼마나 성경지식이 많고 능력이 있는지를 이야기하는 것이 아닙니다. 거듭난 사람인지를 묻습니다.

성도 여러분, 이처럼 불의하고 험악한 세상에서 가장 필요한 구원의 역사는 거듭남입니다. 중생입니다. 내가 중생한 사람이라면 이 질문을 알고 살게 됩니다. 이것을 기도할 것입니다. "이 시대에 중생의 역사를 허락해 주소서. 이 교회에 거듭남의 역사가 오늘 있게 하소서." 그게 아니면 아무것도 아닙니다. 중생의 필요성을 절실히 깨닫고 오늘을 살아가야 합니다. 많은 종교에서 어떤 종교를 믿든 선하게 살면 결국은 같은 목적지, 신께로 간다고 말합니다. 하지만 절대 아닙니다. 그중에 대표적인 사람이 20세기의 존경받는 인물 간디입니다. 어떤 길로 가든 결국은 한 목적지로 가는데 무슨 상관이냐고 합니다. 그러나 성경은 명백히 선포합니다. 오직 예수 그리스도만이 유일한 길입니다. 여러 길이 있지 않습니다. 더욱이 성령의 역사와 중생의 역사로 말미암아 하나님께로 나아갈 수 있습니다. 성령의 역사도 모르고, 중생의 역사도 모르는 자가 어떻게 구원에 이르며 천국에 들어갈 수 있겠습니까!

성도 여러분, 구원의 상실이라는 것을 한번 생각해 보셨습니까? 한번 구원받은 자가 구원을 잃어버립니다. 불행하게도 그런 사람이 많습니다. 충격적인 이야기가 있습니다. 기록을 보면, 신학교 나온 목사 중에 스님이 된 사람도 있습니다. 물론 스님 중에 목사가 된 분도 많지만, 참 이해가 안 갑니다. 왜 이런 일이 있는 것입니까? 한 번 구원받은 믿음이, 그 믿음을 잃어버릴 수 있는 것입니까? 이런 회의를 가져보신 적은 없으십니까? 성경은 이 질문을 합니다. 그 답은 오직 하나입니다. 중생입니다.

저도 오랫동안 이 고민을 하게 됩니다. 특히 코로나 팬데믹 시기가 더욱더 이 고민으로 다가서게 만듭니다. 하지만 답이 있습니다. 바로 중생입니다. 중생한 믿음과 구원은 절대 실패하지 않습니다. 그러나 중생 없는 구원, 중생 없는 믿음, 중생 없는 열정은 결국은 실패하고 맙니다. 중생은 하나님께서 하신 일입니다. 무의식 가운데, 내가 생각하고 무엇인가 행하기도 전에 하나님의 은혜로 된 일입니다. 성령 주도적인 역사이기 때문에 결코 실패하지 않습니다. 성령을 통한 중생은 결코 실패하지 않습니다. 그러나 인간의 노력과 열심과 깨달음, 그러한 믿음과 구원은 결국 잃어버리게 됩니다. 그런고로 중생한 그리스도인은 오직 성령께 삶을 의탁하며, 보혜사 성령을 간구하며, 성령께서 베푸신 중생의 역사에 감격하며, 중생의 확신을 가지고 오늘을 살아가게 됩니다. 그리고 성령을 통하여 오직 하나님만을 소망하며, 하나님의 풍성한 은혜에 전심으로 감사하며, 그 은혜의 지혜와 능력과 비밀을 알기를 사모하며 오늘을 살아가게 됩니다. 그리고 성령을 통하여 예수 그리스도 안에서 그리스도를 따르며, 그리스도의 영광을 나타내며, 중생의 복음의 증인으로 살아가게 되는 것입니다.

전지전능하신 은혜의 하나님, 하나님이 보시기에 진노의 자녀요, 구제 불능한 미천한 죄인이건만, 이처럼 감당할 수 없는 하나님의 은혜 가운데 성령을 받아 중생의 확신을 가지고 이 어두운 세상에서 빛의 자녀로 중생의 복음을 전하며, 승리의 삶을 살게 해주심을 진심으로 감사드립니다. 보혜사 성령이시여, 우리 안에서 일으키시는 첫 번째 구원의 역사가 거듭남이요 중생임을 확신하며, 이 중생의 비밀을 아는 자로, 험악하고 불경건한 이 세대를 향하여 이 위대한 복음을 증거하며, 성령을 좇아 살아가는 주의 사람이 되도록 함께하여 주시옵소서. 내 주변에 복음을 알지 못하고, 성령을 알지 못하고, 중생의 은혜를 알지 못하는 너무나 불행한 사람들이 많습니다. 그들을 위하여 깨어 기도하며, 중보기도하며, 중생의 삶을 증거하며, 중생의 복음을 전하는, 하나님께 영광 돌리는 삶을 살아가도록 지켜주시옵소서. 주 예수 그리스도의 이름으로 간절히 기도드리옵나이다. 아멘.

05
—

믿음으로
의롭다
하심

그러므로 우리가 믿음으로 의롭다 하심을 받았으니
우리 주 예수 그리스도로 말미암아 하나님과 화평을 누리자
또한 그로 말미암아 우리가 믿음으로 서 있는 이 은혜에 들어감을 얻었으며
하나님의 영광을 바라고 즐거워하느니라

로마서 5:1-2

05

믿음으로
의롭다 하심

하나님의 사람 마르틴 루터는 자신의 인생에 있어서 획기적인 전환점을 갖는 사건을 체험했는데, 그 사건을 이렇게 전해 줍니다. 어느 날, 그는 비텐베르크에 있는 수도원의 탑 방에 앉아 하나님의 완전한 의를 묵상하고 있었습니다. 그는 매일매일 몇 시간씩 죄를 고백했다고 전해집니다. 알고 지은 죄, 모르고 지은 죄, 마음속 깊은 곳에서 생각한 죄까지 이 모든 죄를 몇 시간씩 하나님께 참회하며 용서를 구했습니다. 때로는 사죄한 죄에 대해서도 다시 용서를 구할 만큼, 그는 용서에 대해서 매우 간절한 수도사였습니다. 그러나 완전한 의의 기준에는 절대로 도달할 수 없다는 것을 깊이 깨닫고 큰 절망 속에 빠지게 됩니다. 루터는 후에 자신의 삶을 변화시킨 경험에 대하여 이렇게 고백했습니다. "하나님의 의라는 표현은 내 마음에 천둥과도 같았다. 나는 복음에 하나님의 의가 나타났다고 말씀하신 로마서 1장 16절과 17절의 말씀을 깊이 묵상하며 그 속에서 하나님의 음성을 들었다. 하나님의 의는 그의 자비이며, 그것을 통해 우리를 의롭게 하심을 알고 나서 비로소 나의 고통에 대한 해결책을 얻었다."

성도 여러분, 마르틴 루터는 가톨릭 사제였습니다. 그래서 사제로서 경건을 추구하고, 항상 성경 말씀을 가까이하고 묵상하며 가톨릭교회의 모든 가르침을 따르는 매우 훌륭한 청년이었습니다. 그는 '전능하신 하나님, 거룩하신 하나님 앞에 누가 설 수 있겠는가? 오직 거룩한 자만이, 의인만이 하나님 앞에 나갈 수 있는데, 과연 내가 그런 사람인가?'라는 질문에 답을 얻고자 항상 하나님의 의를 구했습니다. 자기가 할 수 있는 모든 것을 행하며 실천했지만, 그것은 불가능했습니다. 도저히 하나님의 의의 기준에는 도달할 수가 없었습니다. 인간의 의로는 누구보다도 훌륭한, 경건한 삶을 지향한 도덕적인 사람이었지만, 하나님의 의의 기준에 도달하기에는 불가능했던 것입니다. 그래서 큰 고통과 좌절과 낙심과 두려움 속에 살아갔다고 고백합니다.

그러다 어느 날 항상 읽던 말씀인 로마서 1장 17절에서 자신에게 주신 하나님의 말씀을 듣습니다. 위대한 복음을 재발견합니다. 로마서 1장 17절 말씀입니다. "복음에는 하나님의 의가 나타나서 믿음으로 믿음에 이르게 하나니 기록된 바 오직 의인은 믿음으로 말미암아 살리라 함과 같으니라." 이것을 '칭의의 복음'이라 합니다. '이신칭의(以信稱義)'의 교리를 비로소 재발견한 그는 이 말씀을 붙들고 묵상함으로 가톨릭교회를 뛰쳐나와 종교개혁에 헌신하게 됩니다.

이신칭의와 복음

성도 여러분, 종교개혁은 한마디로 이신칭의의 복음을 전파하고, 이 칭의의 복음에 집중한 사건입니다. '이신칭의'를 줄여서 '칭의'라고 표현합니다. 로마서 1장 17절의 말씀을 근거로 이 위대한 복음에 붙들려서 하나님의 은혜와 사랑과 영광을 전하다 보니 하나님께 쓰임 받는 위대한 종교개혁이 일어났습니다. 그리고 그것을 기초로 오늘날 개신교가 태동되었습니다. 당시 가톨릭교회는 이 놀랍고 위대한 칭의의 복음을 왜곡시켰습니다. 그것을 깨달은 루터는 이 말씀 안에서 재발견하여 복음적 사명에 온 일생을 바칩니다. 그러나 종교개혁 당시에 가톨릭은 루터와 종교개혁자들에게 깜짝 놀라 트렌트공의회를 엽니다. 이것이 세계 제1차 종교회의입니다. 1545년에서 1563년까지, 18년간이나 진행되었습니다. 많은 목적이 있었지만, 중요한 두 가지 목적은 이신칭의에 관한 것들입니다. 첫째로 루터가 전한 칭의의 복음은 이단적 요소가 너무나 많고 그래서 루터는 죄인이고 이단이라고 정죄하며 죽이고자 했습니다. 이것이 이 회의의 결의사항이었습니다. 그리고 두 번째는 이신칭의에 대한 기독교의 관점이 무엇인지를 다시 정립하고 전하는 것입니다. 이러한 교리와 신조가 계속 이어지는 것이 가톨릭교회입니다. 이것을 분별할 수 있어야 합니다.

그러나 기독교는 칭의의 복음으로 시작되었습니다. 이것을 항상 기억하시기 바랍니다. 칭의의 복음을 항상 테스트하며 살아가야 합니다. 과연 이 칭의의 복음을 믿고, 깨닫고, 확신하고, 증거하며 살아가는지를 말입니다. 그 사람이 거듭난 그리스도인입니다. 지금 출석하는 교회가 칭의의 복음을 항상 선포하고, 칭의의 영광을 나타내기를 힘쓰는지 물어야 합니다. 그것이 하나님의 교회입니다. 그렇지 않으면 무언가 잘못된 교회입니다.

이스라엘에 가시면 예루살렘에 홀로코스트 기념관이 있습

니다. 그 기념관의 이름은 히브리어로 '야드 바셈'인데, '야드'는 '기억'이며, '바셈'은 '이름'입니다. 홀로코스트의 희생자 6백만 명의 이름을 기록하고 기억하기를 원해 지어졌습니다. 그렇게 함으로 민족의 정신을 고취하고자 세운 기념관입니다. 이 기념관을 나올 때 모든 여행자가 볼 수밖에 없는 글귀가 있습니다. "망각은 우리를 노예로 이끌고, 기억은 우리를 구원으로 이끈다." 성도 여러분, 이신칭의의 교리, 칭의의 복음을 망각하면 모든 것이 끝입니다. 한낱 종교로 전락하게 됩니다. 칭의의 영광, 칭의의 은혜, 칭의의 복음에 얼마나 귀를 기울이시며, 그 가치를 알며, 그 은혜에 이끌리어 오늘을 살아가십니까?

최근에 만난 어느 목사님과 교회 성도님에게 첫마디로 "중생하셨습니까?"라고 물어봤습니다. 어떤 분은 확신 있게 그렇다고 말하고, 어떤 분은 머뭇거리거나 대답을 못했습니다. 그래서 제가 다시 "그렇다면, 중생의 확신이 무엇입니까?"라고 여쭤봤습니다. 사실 중생했다는 것은 참으로 주관적인 것입니다. 의식 이전에 있는 성령의 역사입니다. 그래서 내가 중생했다는 것을 분별할 객관적 기준이 없습니다. 그럼에도 중생의 확신에 대한 객관적 증거, 첫 번째 객관적 확신이 바로 칭의의 복음입니다. 이것을 잊어서는 안 됩니다. 성령께서 중생한 자에게 이 영광된 복음, 칭의의 복음을 깨닫고, 믿고, 이 일의 증인으로 살도록 우리를 인도하십니다.

마르틴 루터는 수백 번 이 말씀을 읽었습니다. 그러나 가톨릭의 잘못된 가르침이 칭의를 왜곡했고, 잘못된 종교생활을 하다 보니 절망과 두려움에서 떠날 수가 없었습니다. 그러다가 오직 하나님의 은혜로, 성령의 역사로 말미암아 중생하며 복음을 깨닫고 가톨릭에서 뛰쳐나갔습니다. 이 복음을 붙들고, 오직 하나님의 의를 붙들고는 더 이상 그 종교에 머물러 있을 수가 없었습니다. 결국 뛰쳐나가 하나님의 영광을 선포하며 이 복음의 증인으로 한평생을 삽니다. 이것을 기억해야 합니다.

성도 여러분, 오직 십자가의 복음 안에만 하나님의 의가 약속되었고 나타났습니다. 다시 말해서, 십자가 복음밖에는 하나님의 의가 없습니다. 다만 인간의 의가 있을 뿐입니다. 율법을 전부 다 지킨다고 하더라도 그것은 인간의 의입니다. 어떤 종교에 헌신했다고 하더라도 인간의 의입니다. 어떤 전통과 제도에 순종하며 아주 경건한 인생을 살았다고 하더라도 인간의 의일 뿐입니다. 하나님의 의가 아닙니다. 이것을 분별해야 합니다. 하나님의 의는 오직 예수 그리스도 안에, 십자가 사건 안에 나타났고 계시되었으며 약속되었습니다. 복음과 하나님의 의는 항상 함께합니다. 그래서 사랑을 말해도 의의 사랑입니다. 의가 없는 사랑은 추상적이며 세상적인 것입니다. 공평, 의의 공평입니다. 심판, 의의 심판입니다. 영광, 의의 영광입니다. 이 하나님의 의가 나타나야 온전한 복음을 맛보며 하나님이 주신 약속, 그 복락을 누리며 오늘을 살아갈 수 있습니다.

칭의의 복음이 전하는 메시지

그러면 위대한 복음인 이신칭의는 무엇을 의미합니까? 문자적으로는 "믿음으로 의롭게 됨"을 뜻합니다. 오직 믿음으로 하나님으로부터 의롭다 칭함 받는 것을 의미하는데, 그 깊은 메시지는 무엇입니까? 종교개혁자 칼뱅은 『기독교 강요』에서 칭의에 대한 정의를 이렇게 내립니다. "칭의는 하나님이 우리를 의인으로 인정하셔서 그분의 사랑 가운데 받아들이시는 것이다. 칭의는 죄의 사면과 그리스도의 의의 전가로 구성된다." 하나님의 사람 마르틴 루터는 이렇게 정의합니다. "그리스도께서 우리의 모든 죄를 지시고, 우리 죄 때문에 십자가에 죽으셨다. 우리가 의로운 것은 그 의로 우리를 덮으시고, 그 의를 우리에게 전가하시는 그리스도를 믿기 때문이다."

성도 여러분, 이 위대한 칭의의 복음에는 절대적인 메시지가 함축되어 있습니다. 그것을 항상 기억해야 합니다. 첫째, 칭의는 하나님의 주권적 역사입니다. 인간의 힘이 필요 없습니다. 이것은 하나님의 계획이요, 하나님의 행위입니다. 좀 더 사역을 구분하면, 성령께서 행하신 일도 아닙니다. 이것은 온전한 하나님의 은혜요, 하나님의 행위입니다. 그래서 하나님께서 창세 전에 구원의 계획을 정하시고, 때가 차매 이 칭의의 복음을 나타내기 위해서 아들 예수님을 이 땅에 보내셨습니다. 그리고 아들 예수를 십자가에 죽이셨습니다. 그 십자가에 나타나는 의가 하나님의 의입니다. 예수님은 하나님의 뜻을 온전히 깨달으셨으므로, 이 칭의의 복음을 온전히 깨달으신 분이므로 칭의의 역사를 이루기 위하여 십자가에 죽으셨습니다.

그럼 성령은 무엇을 하십니까? 이 복음을 깨닫게 하십니다. 이것을 구별해야 합니다. 이 위대한 복음을 바르게 깨닫게 하시고 온전한 믿음으로 받아들이게 하십니다. 이 복음에 붙들려 살게 하십니다. 그래서 이 복음이 없으면, 이 칭의의 역사가 없으면 우리는 하나님께로 나아갈 수 없습니다. 하나님과 함께할 수 없습니다. 응답받는 기도의 사람으로 승리할 수 없습니다. 하나님은 거룩하시므로, 오직 의로운 자만이 하나님 앞에 나아갈 수 있습니다. 얼마나 중요한 메시지입니까! 그런고로 삼위일체 하나님의 역사가 칭의의 사건에 나타났고 계시됩니다. 하나님이 계획하시고 행동하시어 아들을 보내시고, 아들 예수가 순종하시어 십자가에 죽으심으로 칭의가 시작되었습니다. 이 놀라운 구원의 비밀을 성령께서 깊이 깨닫게 하시고, 믿게 하시고, 이 복음의 증인으로 살게 하십니다.

이제 생각해 보십시오. 왜 가톨릭교회는 이처럼 위대한 복음을 왜곡합니까? 그리고 왜 이것을 축소시키고 다른 제도를 만듭니까? 오늘날 교회는 왜 위대한 복음을 알지 못하고 또 가감하거나 다른 방식으로 하나님께 나가려고 합니까? 근본적인 원인은 성령께 충성하지 못해서 그렇습니다. 성령의 역사가 나타나지 않아서 그렇습니다. 성령의 조명함이 없기 때문입니다. 중생하지 못해서 그렇습니다. 중생한 자에게는 의의 복음을 밝히 계시해 주셨는데, 그들은 그것으로부터 멀어졌기 때문입니다.

그리고 둘째로 칭의는 하나님의 법정적 선언입니다. 아주 중요한 이해를 하기 위해서는 하나님의 법정적 행위이며 선포라는 것을 항상 기억해야 합니다. 그래서 예수 그리스도 안에서 하나님의 의가 나에게 전가됩니다. 오직 믿음으로 하나님의 의를 받게 됩니다. 여기에 인간의 행위는 없습니다. 내가 아무리 금식하고 큰 선행을 하며 하나님의 일에 힘씀으로 순교까지 하더라도, 더 나아가 제자화를 한다고 하더라도 하나님의 의가 없습니다. 거기에는 인간의 의가 있습니다. 하나님의 의를 적용해서 생각해 보십시오. 칭의가 내게 이루어졌다고 즉시 내 인격이 변해 거룩한 사람이 되고 주변 환경이 바뀝니까? 이런 게 아닙니다. 칭의는 하나님의 법정적 선포입니다. 우리가 죄인임에도 불구하고 하나님의 방식으로 하나님께서 은혜를 베푸십니다. 이것을 선포하십니다. 하나님의 약속의 선언입니다.

예를 들어, 법에서 재판관이나 대법관이 최종판결을 합니다. 그 판결을 했다고 내가 변합니까? 내 인격이 변합니까? 아닙니다. 결정적인 의의 심판을 받은 것입니다. 그런고로 이 칭의는 말 그대로 칭함을 받는 것입니다. 의롭다고 칭함을 받는 것으로, 다른 말로 하면 전가된 의입니다. 내 의가 아닙니다. 하나님의 의가 내게 전가되었습니다. 이것을 절대 잊지 마십시오. 그 하나님의 의를 받았다고 즉시 내게 무슨 일이 일어나는 것이 아닙니다. 그런 척도 하지 마시고, 그런 데 끌려가지 마십시오. 내 안에 벌어지는 것은 내적인 의입니다.

내가 말씀을 지키고 거룩한 삶을 지향함으로 변화되는 것은 내적인 의입니다. 가톨릭교회는 칭의의 본질을 알지 못해 전가된 의와 내적인 의를 합해버렸습니다. 이성적으로는 그럴 듯하지만, 이것은 복음을 파괴합니다. 십자가의 사역을 망가뜨립니다.

하나님의 의와 내재된 의

예수님의 십자가를 믿음으로, 그 보혈의 권세로 하나님의 의가 내게 임하여 하나님으로부터 의롭다고 칭함을 받습니다. 그런데 세상 속에 있으면서 죄 가운데 살게 됩니다. 이 죄를 어떻게 해결할 수 있습니까? 그래서 가톨릭에서는 칭의는 칭의이고, 그 이후에 저지른 죄에 대해서는 해결책이 따로 있어야 된다는 것입니다. 그래서 내재된 의를 향상시켜야 된다는 것입니다. 그래서 구체적으로 만들어낸 것이 가톨릭 제도입니다. 교황, 성모 마리아도 만들어냈습니다. 그중의 대표적인 것이 고해성사입니다. 하나님의 종인 사제에게 나아가는데, 실제로 매번 죄를 지을 때마다 고해성사를 함으로 죄 사함을 받고 의롭게 된다는 것이 내재된 의입니다. 이런 것이 없으면 교회가 아니라고 합니다. 이것이 있어야 구원이 완성된다고 주장합니다.

그러나 성경은 어떻게 말씀합니까? 전혀 아닙니다. '복음에는 하나님의 의가 나타났다'는 것이 전부입니다. 이것으로 끝입니다. 성경 전체는 오직 복음에만 하나님의 의가 나타났다고 말씀합니다. 하나님의 의를 알지 못하는 것은 사탄의 무서운 유혹입니다. 그래서 하나님의 의와 인간의 의를 합쳐버렸습니다. 그러니 종교가 되고 맙니다. 이 얼마나 무서운 유혹입니까! 이것을 분별해야 합니다.

오늘날 개신교도 이 함정에 빠졌습니다. 그러다 보니 예수 그리스도를 전하고, 십자가의 은혜를 전하면서 의의 복음을 축소하기 시작했습니다. 그리고 이어서 제자화를 해야 되고, 무슨 훈련을 해야 된다고 계속 갖다 붙입니다. 유익인 것 같지만, 복음을 파괴하는 것입니다. 그래서 성경은 이러한 칭의와 성화를 합친 것을 '다른 복음'이라고 부릅니다. 갈라디아서에서 명확하게 말씀합니다. 율법과 복음을 합치면 더욱 큰 완성이 아니라, 복음을 파괴하는 것입니다. 하나님께서 행하시는 완전한 구원의 사역을 파괴하여 인간의 행위를 요구하므로 인간의 의가 합쳐져서 하나님의 의가 망가집니다. 이것은 복음이 아닙니다. 결국 칭의를 왜곡하고 축소시킵니다. 성도 여러분, 감사한 것은 성령께서 중생한 자로 칭의의 복음을 온전하게 깨닫게 하시고 믿음으로 영접케 하시어 이 복음의 증인으로 살게 하십니다. 칭의의 복음, 이 영광의 복음은 흔들리지 않습니다.

이 칭의의 복음을 더 깊이 알아야 합니다. 그러기 위해서는 로마서와 특별히 갈라디아서를 계속해서 읽어야 합니다. 설교 시간 30분 동안에 이것을 다 전하기는 어려운데, 좀 더 깊은 차원의 복음의 영광을 맛보고 싶으면 마르틴 루터의 갈라디아서 주석을 읽기를 권합니다. 1,300여 페이지 되는데, 문제는 아주 어렵고 책을 구할 수도 없다는 것입니다. 그러니 성령께 기도하며 성경을 보시고, 조금 더 참고서가 필요하면 미흡하지만 제가 로마서 강해로 쓴 책 세 권이 약 1,500페이지 분량으로 출간되었는데 참고하시기 바랍니다. 칭의의 영광, 칭의의 복음이 무엇인가를 우리는 알아야 합니다.

칭의의 절대적 요소

칭의에는 두 가지 절대적인 요소가 함축되어 있습니다. 하나가 죄 사함의 은총이고, 다른 하나는 하나님의 의가 전가되는 것입니다. 죄 사함을 받았다고 의롭게 되는 것이 아닙니다. 죄 사함을 받고 의롭다고 칭해져야 하나님 앞에 의인으로 설 수 있습니다. 우리는 하나님 앞에 갈 때까지 계속 죄인입니다. 그럼에도 의인으로 간주합니다. 의인으로 칭함을 받습니다. 이것이 십자가의 은혜입니다. 그것을 영어로 justification, 의롭게 됨이라고 합니다. 어떻게 해야 이 놀라운 은혜를, 죄 사함의 은총과 하나님의 의를 전가받는 일이 내 안에 일어납니까? 그 답은 '오직 믿음으로'입니다. 내가 나를 믿고, 내 소원이 이루어지기를 믿는 것이 아닙니다. 십자가에서 이루어진 하나님의 약속인 하나님의 의가 내 것이 됩니다. 어떻게 이런 일이 가능해졌습니까? 그 대답은 오직 하나입니다. 하나님의 은혜입니다. 하나님의 은혜로 이 비상식이 상식이 되고, 기적이 내 안에 일어납니다. 이 신비의 수혜자가 됩니다. 오직 하나님의 은혜로 하나님 앞에 나아갈 수 있습니다. 하나님과 함께하게 됩니다. 인간의 행위가 아닙니다. 고해성사도 아니고, 내 열심도 아니고, 내 노력도 아니고, 어떤 깨달음도 아니고, 무슨 제자화도 아닙니다. 오직 하나님의 은혜로 말미암아 믿음으로 구속받았습니다. 성경 곳곳에 이 위대한 칭의의 복음이 계시되고, 증언되고 있습니다.

쾌락주의의 창시자라고 불리는 그리스의 철학자 아리스티포스가 어느 날 디오니시우스 왕에게 부탁할 일이 있어서 찾아갔습니다. 그리고 간청을 했는데 단번에 거절당했습니다.

그러자 이 존경받는 철학자가 즉시 무릎을 꿇고 머리를 조아리며 간청했습니다. 그리고 자신의 청에 대한 허락을 받아냈습니다. 이것이 소문이 나자 사람들이 물었습니다. 어떻게 존경받는 분이 저런 왕에게 무릎을 꿇고 머리를 조아립니까? 막 비난을 하니까 그때 유명한 말을 남깁니다. "왕의 귀가 발에 달렸는데, 내가 어찌 무릎을 꿇지 않을 수가 있겠는가?" 참 명언입니다.

성도 여러분, 이 위대한 칭의의 복음은 오직 죄인에게 들리고, 죄인에게 영향력을 발휘합니다. 스스로 의인이라고 생각하며 위선자로 살아가는 사람에게는 내 의가 높습니다. 그런 사람에게 무슨 죄 사함이 필요하며 하나님의 의가 필요하겠습니까? 그래서 무시하고 거절합니다. 이런 모든 걸 아시고, 하나님께서 스스로 아들 하나님이 되셔서 이 땅에 오셨습니다. 어떻게 하나님이 인간이 되실 수 있겠습니까? 어떻게 육신의 몸을, 죄의 몸을 입은 인간이 되실 수 있겠습니까마는, 이 복음을 나타내시기 위해서 이 땅에 오셨고 십자가에 죽으셨습니다. 그리고 부활로 증명하셨습니다. 이후 승천하셔서 오늘도 이 복음의 역사가 진행되기를 예수님께서 간구하십니다. 이 모든 위대한 복음의 비밀을 성령께서 명확하게 깨닫게 하시고 믿게 하십니다. 하나님 앞에 당당히 나아가며, 하나님과 화평하고 동행하는 삶을 이 땅에서 살게 인도하십니다.

복음의 진수

본문 말씀 중 특별히 1절 말씀은 복음의 진수입니다. 이신칭의를 단 한 줄로 완벽하게 정의 내린 하나님의 말씀입니다. 제가 미리 준비한 에덴낙원 안식처에는 성경구절을 적게 되어 있는데, 제가 한 구절을 적도록 규칙을 정했으니 어떤 말씀을 적을지 얼마나 고민했겠습니까? 내게 주신 말씀이 너무나 많아 계속 생각하고 고민하여 정한 것이 로마서 5장 1절입니다. 이 말씀을 떠나서는 한시도 제가 하나님의 사람으로 살아갈 수가 없기 때문입니다. 이 말씀을 묵상하지 않으면 감사와 기쁨으로 충만한 은혜의 삶을 살아갈 수 없기에, 이 칭의의 복음, 칭의의 영광을 항상 맛보며 살아가기 위해서는 이 말씀에 붙들려야 합니다.

여기서 "그러므로"로 시작하는데, 즉 5장 이전의 1장부터 4장까지에 나타난 복음의 계시와 복음 진리를 말합니다. "그러므로 우리가 믿음으로 의롭다 하심을 받았으니." 하나님의 의는 내 마음대로 받고 안 받고 하는 것이 아닙니다. 쟁취하는 무엇도 아닙니다. 받는 것입니다. 그 의를 받음으로 믿음으로 의롭다고 칭찬받는 것입니다. 칭의입니다. 성도 여러분, 내가 좀 착한 마음을 가졌다고 그 의가 커지는 것도 아닙니다. 소위 나쁜 마음을 가졌다고 그 의가 작아지는 것도 아닙니다. 이것은 내재된 의가 아닙니다. 온전한 하나님의 의입니다. 이것을 깨닫고 믿어야 합니다. 그 의가 내게 임하므로 하나님으로부터 나 같은 죄인이 의롭다 칭함을 받습니다. 얼마나 감사합니까! 이보다 더 큰 복음이 어디 있겠습니까! 이보다 더 큰 은혜가 어디 있습니까! 바로 이 복음을 깨닫게 하시기 위하여 예수님께서 이 땅에 오시고 십자가에 죽으셨습니다. 이것을 분명히 기억해야 합니다.

그리고 "우리 주 예수 그리스도로 말미암아." 그렇습니다. 오직 예수 그리스도 안에서만, 십자가의 복음 안에서만 의롭다 칭함을 받습니다. "하나님과 화평을 누리자." 이제 하나님과 가까이 갈 뿐만 아니라, 하나님과 교제하며 하나님의 복을 누리면서 하나님과 동행하는 하나님의 화평을 누리는 자가 되었습니다. 성도 여러분, 이 말씀 안에 다시 한 번 생각해 보십시오. 성화라는 것이 있습니까? 내 안에 내재된 도덕적인 삶을 살아야 하나님께서 만나주십니까? 그런 말씀이 전혀 없습니다. 만일 그렇다면, 단 한 사람도 하나님께 나아갈 사람은 없습니다. 루터가 깨닫고, 사도 바울이 깨달은 것이 바로 이것입니다. 성령께서 깨닫게 하시는 것이 바로 이것입니다. 우리 가운데 내가 거룩해서, 내가 선을 행해서 하나님께 나아갈 사람은 아무도 없습니다. 만일 그것을 조금이라도 생각한다면, 그는 아직 중생하지 못했습니다. 칭의의 복음을 온전히 깨닫지 못했습니다. 오직 복음 안에만 하나님의 의가 나타났습니다.

그러므로 믿음으로 의롭게 하심을 받습니다. 내 행위 이전의 문제입니다. 이것은 하나님의 선언입니다. 하나님께서 이 선을 반드시 완성시키십니다. 여기에 우리의 소망이 있습니다. 구원의 확신이 있습니다. 얼마나 감사합니까! 하나님의 의가 내 안에 있고, 의가 나를 덮어야 하나님의 평강이 내게 임합니다. 하나님이 주신 복을 내가 누릴 수 있습니다. 이 땅에 살면서 열심히 신앙생활을 하지만 하나님의 의를 맛보지 못하고 평강과 안식과 화평을 누리지 못하는 원인은 어디에 있습니까? 이신칭의로 돌아와야 합니다. 칭의의 복음으로 돌아와야 합니다. 즉 하나님의 의가 축소되면 안 됩니다. 하나님의 의 앞에서 나라는 존재는 없어집니다. 더럽고 추악하고 미천한 죄인이므로 오직 그 의로 말미암아 하나님 앞에 가까이 갈 수 있습니다. 이 은혜를 붙들고 오늘을 살아가야 합니다.

하나님의 의인 복음

인류는 한마디로 평강의 삶과 화평의 삶을 추구합니다. 이것이 소원입니다. 특별히 하나님과의 화평, 평안한 관계를 소원합니다. 그렇다면 무엇이 필요합니까? 무엇이 가장 인류에게 필요합니까? 바로 하나님의 의입니다. 이것이 복음입니다. 그래서 예수님이 이 땅에 오셔서 죽으셨습니다. 이 의를 나타내주시기 위해서 복음의 역사가 있었습니다. 그러기에 이 의를 맛보고, 나 같은 죄인을 의롭다 칭하시고 함께하시는 하나님과 화평의 관계를 누리는 사람은 언제 어디서든 이 복음을 먼저 증거할 것입니다. 그래서 "주의 나라와 주의 의를 먼저 구하라"고 주님께서 말씀하셨습니다.

성도 여러분, 믿음의 조상 아브라함을 기억해 보십시오. 왜 그가 믿음의 조상이 된 것입니까? 그 근거가 창세기 15장 6절에 이렇게 기록됩니다. "아브라함이 여호와를 믿으니 여호와께서 이를 그의 의로 여기시고." 칭의가 나타났고, 하나님의 의로 덮어주셨습니다. 그렇다고 아브라함에게 인격적 변화가 일어나고, 이후로는 죄를 안 짓고 사는 것이 아닙니다. 환경이 하나도 변한 게 없습니다. 하나님의 선포입니다. 하나님의 은혜입니다. 그것이 십자가 안에 나타났습니다. 이것을 로마서 4장에서는 이렇게 풀어갑니다. 즉 아브라함은 자신과 아내가 나이가 너무 많아 자식을 얻기가 어렵다는 것을 알았습니다. 이렇듯 죽은 자와 같은 상태임을 알고도 믿었고 하나님께서 그것을 의로 여기셨습니다. 성도 여러분, 예수 그리스도 안에 나타난 십자가의 역사로 칭의의 복음을 온전히 깨닫고 믿는 것이 성령의 역사입니다. 그로 말미암아 우리는 이 땅에서 죄로 물들지 않고 승리할 수 있습니다.

성령께서는 항상 예수 그리스도 안에서 중생의 확신을 주시며, 칭의의 복음으로 객관적 증거 속에 하나님의 의를 깨닫고 기뻐하며 그 은혜에 응답하는 삶을 살도록 우리를 인도하십니다. 칭의의 복음은 절대 변하지 않습니다. 변질되지도 않습니다. 실패하지 않습니다. 그 근거가 네 가지 있습니다. 먼저는 하나님의 온전한 은혜의 역사이기 때문입니다. 사람의 도움이 필요 없기 때문에, 그 은혜 자체로 되는 역사이기 때문에 변하지 않습니다. 또한 하나님의 주권적 의지로 행하시는 것이기 때문에 절대 진리입니다. 이것은 예수님께서 이미 이 땅에 오셨고, 십자가에 죽으시고 부활하심으로 증명한 사건입니다. 완성된 위대한 복음입니다. 그리고 오늘도 그리스도께서 중생한 자를 위하여 중보기도하십니다. 이 복음에 붙들리어, 이 복음 안에서 복음을 증거하며 살기를 우리를 위하여 기도하시기 때문입니다. 무엇보다도 내 안에 있는 보혜사 성령께서 중생의 확신을 가지고 이 위대한 복음의 증인으로 살게 하십니다. 그 안에서 우리는 승리합니다. 중생한 성령의 사람은 항상 칭의의 복음에 붙들리어 이 복음을 깊이 묵상하므로 하나님의 은혜와 사랑을 맛보고, 깊이 체험하며, 하나님의 약속의 소망을 따라 이 땅에서 하나님의 뜻을 이루며, 하나님께 영광 돌리는 삶을 살아가게 되는 것입니다.

■ 기 도 ■

전지전능하신 은혜의 하나님, 하나님의 은혜를 알아 입으로 고백하나, 그 은혜의 깊이와 능력을 아직도 온전히 깨닫지 못하고, 스스로 구원받은 그리스도인이라 하나, 중생의 비밀을 알지 못하고, 의의 복음에 온전히 깨닫지 못하여, 또다시 원망과 불평과 좌절과 절망과 두려움 속에서 살아가는 죄인을 불쌍히 여겨주시옵소서. 살아 계신 하나님을 예수 그리스도 안에서 십자가의 복음으로 나타내셨고, 의의 복음으로 확신시키시며, 오늘도 성령께서 그 십자가의 영광을 좇아 하나님의 의를 받은 자로 하나님께 당당히 나아갈 수 있는 신분의 변화가 이미 시작되었음을 우리에게 깨닫게 하시고, 믿게 하시건만, 이 의의 복음의 증인으로 살지 못하는 미천한 죄인을 용서하여 주시옵소서. 우리 주변에는 하나님께 가까이 갈 수 없고, 아직도 하나님의 진노의 자녀로 멸망의 길로 가는 자가 너무나도 많으나, 성령께서 중생한 자를 통하여 그들에게 의의 복음, 영광의 복음을 나타내고 증거하게 하시사, 하나님께 영광 돌리며, 하나님의 은혜와 사랑이 구체화되며, 우리 안에 나타나는 역사의 참여자가 되게 지켜주시옵소서. 우리 주 예수 그리스도의 이름으로 간절히, 간절히 기도드리옵나이다. 아멘.

06

———

하나님의
자녀

무릇 하나님의 영으로 인도함을 받는 사람은 곧 하나님의 아들이라
너희는 다시 무서워하는 종의 영을 받지 아니하고 양자의 영을 받았으므로
우리가 아빠 아버지라고 부르짖느니라 성령이 친히 우리의 영과 더불어
우리가 하나님의 자녀인 것을 증언하시나니 자녀이면 또한 상속자
곧 하나님의 상속자요 그리스도와 함께 한 상속자니 우리가 그와 함께
영광을 받기 위하여 고난도 함께 받아야 할 것이니라

로마서 8:14-17

06

하나님의
자녀

우리에게 귀한 교훈을 주는 그리스 신화를 소개합니다. 고양이 한 마리가 잘생긴 청년을 진심으로 사랑하게 되었습니다. 고양이는 미의 여신 아프로디테를 찾아가 자신을 아름다운 여인으로 만들어달라고 간청합니다. 아프로디테는 고양이의 딱한 사정을 가엾게 여겨 그 소원을 들어주었습니다. 마침내 아리따운 여인으로 변한 고양이는 잘생긴 청년과 사랑에 빠져 결혼을 했습니다. 그들의 첫날밤, 아프로디테는 고양이가 외모만 변한 것인지, 아니면 진짜 아름다운 여인이 된 것인지를 확인하고자 신혼 방에 쥐 한 마리를 풀어놨습니다. 쥐를 보자마자 그 여인은 자신이 누구인지도 잊어버리고, 자신과 함께한 사람이 누구인지도 망각한 채 쥐를 잡아먹겠다고 그 뒤를 쫓았습니다. 침대에서 뛰쳐나와 계속해서 쥐를 잡겠다고 쫓아다니는 것을 보고 화가 난 아프로디테는 그 여인을 원래 고양이의 모습으로 다시 되돌려놓았습니다.

하나님의 자녀 됨의 은혜

성도 여러분, 여러분은 누구이며 세상 속에서 어떤 정체성을 가지고 오늘을 살아가십니까? 진정으로 중생한 자이며, 의롭다 칭함을 받은 자로, 복음의 증인으로 오늘을 살아가고 있습니까? 중생한 그리스도인은 하나님의 자녀입니다. 이 사실을 항상 기억해야 합니다. 하나님의 자녀가 되었다는 것은 더 이상 세상에 속한 자가 아니요, 육신에 속한 자가 아닙니다. 하나님의 자녀가 되었다는 것은 하나님이 아버지라는 것입니다. 하나님께 속한 자요, 하나님 중심의 삶을 살아간다는 것을 의미합니다. 중생의 역사, 이건 생명의 역사입니다. 영생이 내 안에 주어졌습니다. 그 과정에서, 그리고 그 결과로 의롭다 칭함을 받는 놀라운 구원의 역사가 내게 나타납니다. 칭의를 넘어 하나님의 자녀 되는 역사가 하나님의 은총으로 주어집니다. 이것을 양자됨의 역사라고 말합니다. 중생한 자에게만 있는 것입니다. 중생하여 의롭다 칭함을 받은 자에게 더 큰 은총이 주어지는데, 그것이 하나님의 자녀 됨입니다. 성령께서는 이 위대한 복음의 비밀을 깨닫게 하시고, 그 가치를 알게 하시고, 믿게 하시고, 확신 속에 바른 정체성을 가지고 오늘을 살아가게 우리를 변화시키십니다.

성도 여러분, 의롭다 칭함을 받는 것과 하나님의 자녀 되었다는 것은 동급이 아닙니다. 하나님의 자녀라는 것은 의롭다 칭함을 받는 것보다 더 큰 하나님의 은혜입니다. 더 나아가 하나님의 구체적인 구원의 역사입니다. 한번 간단히 생각해 보십시오. 우리가 어떤 사람을 참으로 의롭다고 말했다고 그 사람이 내 가족인 것은 아니지 않습니까? 하나님께서 의롭다고 칭하셨다고 그 사람이 하나님의 자녀인 것은 아닙니다. 하나님의 자녀 됨의 권세가 얼마나 크고 놀라운지를 복음의 관점에서 명확하게 분별하며 오늘을 살아가야 합니다. 하나님의 자녀라는 말은 간단히 하나님의 가족이 되었다는 것입니다. 더 나아가 하나님의 상속자가 되었다는 것입니다. 복음의 역사 속에 이보다 더 큰 은총은 없습니다. 가장 큰 은혜요 복입니다. 자녀 됨의 가치가 무엇인지를, 그 의미를 깨달아야 우리는 이 땅에서 하나님의 자녀로 살아갈 수 있습니다. 성령께서는 그 비밀과 가치를, 그 권세를 명백하게 깨닫게 하시고, 기뻐하게 하시고, 하나님의 은혜에 합당한 자로 오늘을 살게 하십니다.

성경을 읽다 보면, '하나님의 아들'이라는 표현과 '하나님의 자녀'라는 표현이 나타납니다. 본문에도 그렇게 기록되어 있습니다. 동의어입니다. 하나님의 아들이 더 강하고 더 큰 의미가 있다고 생각하지 마십시오. 같은 것입니다. 구약성경을 읽다 보면, 먼저 '하나님의 아들들'이라는 표현을 보게 됩니다. 그것은 천사들을 의미합니다. 때로는 하나님의 아들들은 위정자들을 의미하기도 합니다. 또한 하나님의 아들들을 이스라엘 국가로 표현하기도 합니다. 하지만 본문 성경에 나타난 하나님의 자녀라는 것은 그런 경우를 말하는 것이 아닙니다. 그렇다고 예수 그리스도를 의미하는 것도 아닙니다. 그 경우는 영문으로 정관사가 붙어 'The son', 즉 예수 그리스도를 가리킵니다. 하나님의 친아들은 예수 그리스도뿐이십니다.

그러면 중생의 결과로 나타난 하나님의 자녀라는 것은 어떤 의미일까요? 실제적으로는 양자를 의미합니다. 중생하여 새 생명을 받고 의롭다 칭함을 받은 다음, 하나님께서 하나님의 자녀로 명하셨습니다. "양자 되었다." 이는 양자의 교리를 의미합니다. 이것을 분별해야 합니다. 삼위일체 하나님의 놀라운 역사요 은총입니다. 하나님의 복음을 믿음으로 하나님의 자녀가 되었습니다. 그 가치가 얼마나 놀랍고 신비로운가를 인식하며 오늘을 살아가야 합니다. 양자됨을 adoption이라 합니다. 친아들이 아닙니다. 그런데 아들로 받아주셨습니다. 본문 15절은 그것을 이렇게 설명합니다. "양자의 영을 받았으므로 우리가 아빠 아버지라고 부르짖느니라." 이게 복음진리입니다. 양자로 하나님께서 우리를 받아주셨다는 이 사건 속에서 믿음으로 하나님의 자녀 됩니다. 그런고로 이제 하나님의 자녀는 이 땅에서 육신에 속한 자로, 세상에 속한 자로 살아가지 않습니다. 하나님의 자녀이기 때문에 하나님의 자녀의 정체성을 가지고 하나님과 가까이, 아버지 하나님을 갈망하며, 하나님과 함께하는 삶을 살아가게 됩니다. 여기에 성령의 역사가 있습니다. 성령의 역사가 없다면 이 비밀을 알수도 없고, 인식할 수도 없고, 하나님의 자녀로 오늘을 살아갈 수 없습니다.

하나님의 자녀로서의 중생한 그리스도인

오래전에 아침형 인간이라는 주제가 널리 성행할 때 『아침형 인간』이라는 책을 사서 읽고 크게 자극을 받은 백수 청년

이 어머니에게 이렇게 말했답니다. "엄마, 이제 내일부터 저는 아침형 인간이 될 거예요. 아침 일찍 일어나서 아침형 인간이 될 겁니다." 엄마가 이렇게 대답했답니다. "애야, 넌 그전에 먼저 인간이 되어야 되겠다." 복음의 방식은 존재가 먼저입니다. 뭘 하나 뜯어고치고 개선해서 어떤 존재가 되는 것이 아닙니다. 하나님의 경륜과 구원의 방식은 하나님의 자녀가 되는 사건에 초점이 맞춰져 있습니다. 하나님의 자녀가 되지 않으면 하나님과 화평할 수도, 하나님과 함께할 수도 없습니다. 십자가 외에 복음이 무엇을 계시하는지를 우리는 분별하며 오늘을 살아가야 합니다.

하나님의 자녀라는 말은 하나님의 법정적 선언이며 행위입니다. 한마디로 중생한 자의 신분과 자격이 변화되었음을 말합니다. 실제적 의미는 adoption, 양자 되었다는 것입니다. 그런고로 창조주 하나님께서 사랑하시는 아들 예수 그리스도 안에서 사랑하시는 자를 양자로 받으셨습니다. 이것이 하나님의 구원의 계획입니다. 복음의 역사입니다. 그래서 하나님의 자녀들은 이 사실을 알고 너무도 기뻐하며, 예수 그리스도 안에서 오직 하나님께 가까이 가는 삶을 갈망하게 됩니다.

우리가 하나님의 자녀라는 증거들이 성경 곳곳에 진술되어 있습니다. 가장 먼저, 예수님을 주라고 고백하는 것입니다. 육신에 속한 자였을 때는 내가 나의 주인이었는데, 이제 하나님의 자녀가 되고 보니 자녀 됨의 역사에 예수 그리스도가 계셨습니다. 예수 그리스도 안에서만 가능합니다. 그래서 예수님을 나의 주로 믿고 확신하며 오늘을 살아가게 됩니다. 또한 예수 그리스도 안에서 아버지 하나님의 말씀에 귀를 기울입니다. 내 소원을 이루고 또 내가 높은 경지의 도덕적 인간이 되기 위해서가 아니라, 자녀로서 아버지를 알기를 갈망합니다. 그리고 내 안에 계신 보혜사 성령께서 이 사실을 깨닫고 확신하게 하시며 믿게 하심을 매일매일 체험하며 오늘을 살아가게 됩니다. 또한 복음 안에서 형제애가 확장됩니다. 세상에서 육신에 속한 자로 살 때는 혈육적 관계의 가족만 있었습니다. 그런데 내가 하나님의 자녀 됨을 믿고 보니, 곳곳에 중생한 하나님의 자녀가 많습니다. 이제 형제애가 확장됩니다. 그 속에 성도의 교제가 있습니다. 그리고 하나님의 복음의 증인으로 오늘을 살아가게 됩니다.

성도 여러분, 이런 놀라운 복음의 역사 속에 사탄의 역사가 강력하게 있다는 것을 항상 인식해야 합니다. 성령의 역사가 강하게 나타날수록 내가 하나님의 자녀라는 정체성을 가지고 살아갈 때, 사탄이 그냥 둘리가 없습니다. 흔들어놓습니다. '네까짓 것이 무슨 하나님의 자녀야? 그거 추상적인 얘기고, 나중에 죽어서 된다는 얘기잖아? 그건 실제 사건이 아니야. 너는 죄인이야!" 더 나아가 복음을 왜곡하고, 우리의 정체성을 모호하게 하며, 불확실한 상태로 오늘을 살게 합니다. 이것이 바로 사탄의 유혹입니다.

중생한 그리스도인은 하나님의 자녀입니다. 절대 잊어서는 안 됩니다. 그러면 어떻게 하나님의 자녀가 된 것입니까? 이 질문에 답을 할 수 있어야 합니다. 이것은 내 안에 일어난 사건입니다. 복음의 증인으로 살기 위해 성령께서 이 비밀을 알게 하십니다. 성경은 말씀합니다. 먼저, 오직 하나님의 은혜로 되었습니다. 하나님의 은혜가 아니고는 나 같은 죄인이 하나님의 자녀가 될 수 없습니다. 나의 열심, 나의 공로, 나의 선행, 나의 착한 마음, 이런 것이 아닙니다. 절대 아닙니다. 현혹되지 마십시오. 이 세상 모든 종교는 스스로의 깨달음과 열심과 공로와 선행을 통해서 신의 자녀 되는 길을 제시합니다. 성경은 이것을 우상이라고 합니다. 거짓 진리입니다. 그럼에도 불구하고 기독교 역시 복음을 버리고, 종교적 방법을 택하고 있습니다. 예수를 믿는다 하면서 제자화나 어떤 이벤트처럼 특별한 교육을 통해서 제자가 되고, 하나님의 자녀가 된다는 엉터리 이야기를 합니다. 이것은 종교적 열심을 불러일으키는 것으로 거짓입니다. 오직 하나님의 은혜로 우리는 하나님의 자녀가 되었습니다. 더 나아가 오직 예수 그리스도 안에서 가능합니다. 예수 그리스도 밖에서는 불가능합니다. 그래서 예수님께서 이 땅에 오시어 십자가에 죽으셨습니다. 오직 복음을 믿음으로, 십자가의 복음의 공로로 우리에게 하나님의 자녀 되는 길이 열렸습니다.

그리고 하나가 더 있습니다. 오직 믿음으로입니다. 하나님이 행하신 일을, 이 복음의 비밀을 명확하게 알고 깨달음으로 복음의 수혜자가 됩니다. 하나님의 자녀가 됩니다. 성도 여러분, 종교개혁의 선언은 바로 이것입니다. 오직 믿음입니다. 이것은 나의 믿음을 이야기하는 게 아닙니다. 오직 믿음은 복음의 역사, 복음의 권세, 나 같은 죄인이 하나님의 자녀가 되었다는 믿음을 말합니다. 당시에 가톨릭이 복음을 파괴하고 엉터리로 만들어놓아 오늘까지 이어지는데도 그게 분별이 안 됩니다. 하나님의 자녀, 오직 믿음으로 됩니다. 하나님의 중생의 역사로 새 생명을 받고, 믿음으로 의롭다 칭함을 받고, 그리고 하나님의 자녀 됩니다. 복음적 관점에서 보면 중생과 칭의의 역사가 합하여 하나님의 자녀가 됩니다. 이 가치를 알아야 합니다.

그리고 하나님의 자녀가 된 그 실제 상황을 잊어서는 안 됩니다. 하나님이 보시기에 의인은 없되 하나도 없습니다. 온

인류는 하나님의 진노의 대상입니다. 하나님을 경외하는 자가 없고, 하나님을 추상화하고 우상화하며 대적했습니다. 하나님과 원수가 되어 하나님의 심판 아래 있습니다. 그 상태에서 하나님의 자녀가 되었습니다. 사실 이것은 불가능한 일입니다. 어떻게 그런 존재가 하나님의 가족이 되며, 하나님의 자녀가 될 수 있습니까? 그런데 그 사건이 실제가 되었습니다. 이것이 복음의 역사입니다. 그런고로 하나님의 자녀는 오직 하나님의 은혜에 집중합니다. 그 은혜가 없었다면 나라는 존재, 하나님의 자녀 됨의 존재, 칭의의 존재는 없습니다. 그래서 항상 감사하고 기쁩니다. 그 은혜를 비로소 알고, 은혜 속에 살아가게 되었습니다. 이 모든 깨달음과 확신과 믿음은 성령의 역사입니다.

그래서 하나님의 자녀는 언제 어디서나 자녀로서의 권리를 주장하지 않습니다. 왜 그렇습니까? 진노의 자녀였기 때문입니다. 과거뿐만이 아니라, 현재와 미래에도 내 모습을 보면 하나님의 자녀가 될 자격이 조금도 없습니다. 그런데 하나님께서 복음의 은혜로 예수 그리스도 안에서 믿음으로 하나님의 자녀가 되게 하셨습니다. 그러니 어찌 권리를 주장할 수 있겠습니까? 항상 감사합니다. 오직 은혜만 보여 은혜에 합당한 자로, 은혜에 응답하는 사람으로 오늘을 살아갑니다.

그래서 전심으로 하나님을 사랑하고 하나님께 순종합니다. 하나님께 영광 돌리는 삶을 자발적인 심령으로 살아가게 됩니다.

한 기자가 하나님의 사람 무디에게 물었습니다. "목사님께서 사역하시는 중에 어떤 사람이 가장 큰 장애가 되고 있습니까?" 무디 목사님은 지체하지 않고 이렇게 대답했답니다. "어떤 사람보다도 무디라는 작자가, 나 자신이 가장 골치를 썩이고 있소." 성도 여러분, 이 세상에서 각자 다양한 사건을 직면합니다. 많은 시련과 고통과 역경과 원치 않는 사건들을 만나는데, 가장 큰 문제가 무엇입니까? 중생한 자가 중생의 확신을 갖지 못하고, 의롭다 칭함을 받은 자가 하나님의 은혜를 깨닫지 못하고, 내가 누구인지를 알지 못한 상태로 오늘을 살아가는 것입니다. 이것이 가장 큰 위협적인 요소입니다. 성령께서는 항상 하나님의 자녀라는 신분을 깨닫게 하시고, 그 가치를 알게 하시며, 그 의미 속에 오늘 우리의 삶을 새롭게 하십니다.

하나님의 자녀 됨의 유익

삶 속에서 하나님의 자녀 됨으로 받는 유익이 많습니다. 자녀 됨의 결과들이 무엇인지를 성경은 곳곳에서 자세하게 진술합니다. 성령께서는 이 사실을 발견하고, 깨닫고, 체험하게 하십니다. 이것을 반드시 알아야 합니다. 하나님의 자녀 됨의 첫 번째 유익은 두려움이 사라졌다는 것입니다. 세상 속에 살지만, 세상에 대한 두려움과 인생에 대한 두려움이 사라집니다. 왜냐하면 하나님의 자녀라는 정체성을 깨달았기 때문입니다. 죄책감에 대한 두려움도 사라집니다. 나 같은 죄인이 정말 하나님의 자녀 되고, 천국에 갈 수 있을까 하는 죄의 권세, 죄의 삯이 사라집니다. 또한 죽음조차도 두려워하지 않습니다. 왜냐하면 하나님의 자녀이기 때문입니다. 더 나아가서 하나님의 진노도 전혀 두려워하지 않습니다. 그래서 본문 15절은 이렇게 기술합니다. "너희는 다시 무서워하는 종의 영을 받지 아니하고." 하나님의 자녀가 된 자는 다시는 두려움에 사로잡히지 않습니다. 이것이 하나님이 자녀에게 주시는 유익입니다. 그래서 세상에서 담대한 인생을 살아갈 수 있게 됩니다.

또 다른 유익은 하나님의 보호입니다. 하나님의 자녀이기 때문에 하나님께서 보호하십니다. 성경을 읽다 보면, 모든 하나님의 사람들이 하나님의 보호하심을 칭송하고 간구하는 것이 구구절절 나타납니다. 아무나 보호하시는 것이 아닙니다. 중생한 하나님의 자녀만을 하나님께서는 보호하십니다. 아브라함의 자손들이 겪은 사건들을 보십시오. 하나님께서 보호하셨다고 기록합니다. 특별히 다윗의 인생을 보십시오. 처음부터 끝까지 그는 고백합니다. "하나님께서 나를 보호하셨다. 하나님께서 나를 구원하셨다. 하나님은 나의 피난처시로다." 구구절절 체험적 신앙고백이 나타납니다. 하나님께서 나를 사랑하시므로 나를 보호하셨다는 고백입니다. 모든 역사의 중생한 하나님의 자녀들의 신앙고백이 이렇습니다. "하나님께서 나를 보호하고 계시다." 얼마나 큰 유익입니까!

더 나아가서 성령의 증언을 듣기 시작합니다. 내 안에 계신 보혜사 성령께서 확증시켜 주시고, 깨닫게 하시는 성령의 말씀을 듣게 됩니다. 그래서 16절에 이렇게 진술합니다. "성령이 친히 우리의 영과 더불어 우리가 하나님의 자녀인 것을 증언하시나니." 계속 이 말씀을 묵상하시기 바랍니다. 성령께서 친히 내 안에서 '너는 하나님의 자녀다. 하나님의 자녀라는 것이 무엇인지를 알고, 거기로부터 너희 인생을 살라'고 계속해서 말씀하십니다. 많은 사람들이, 심지어 많은 교인들도 성령의 역사, 성령의 인도하심을 전혀 개의치 않습니다. 잘 알지도 못하고 별 관심도 없는 것 같습니다. 그리고 스스로에게 나는 하나님의 자녀라는 것을 주입시키는 것 같습니다. 거의 세뇌에 가깝습니다. 그러니 추상적이며, 자기 확신에 스스로 하나님의 자녀라고 생각합니다. 그것은 종교적 열심입니다. 성령께서 가장 인격적으로 하나님의 말씀을 통하여 내게 말씀해 주십니다. "너는 하나님의 자녀다." 그래서 영적 진리를 향하여 오늘을 살게 인도하십니다. 하나님의 자녀는 이 성령의 증언과 인도하심을 체험하는 유익을 갖습니다.

또 다른 한 유익은 실제적으로는 위기일 수 없는데, 깊이 생각해 보면 유익 중의 유익입니다. 그것이 바로 징계입니다. 징계를 누가 좋아하겠습니까? 그러나 성령의 역사 가운데 깊이 살다 보면, 징계는 꼭 필요한 것입니다. 그래서 히브리서 12장 7절과 8절은 이렇게 선언합니다. "하나님이 아들과 같이 너희를 대우하시나니 어찌 아버지가 징계하지 않는 아들이 있으리요 징계는 다 받는 것이거늘 너희에게 없으면 사생자요 친아들이 아니니라." 왜 하나님의 자녀가 징계를 받습니까? 하나님의 자녀이기 때문입니다. 다윗은 그 생을 통해서 고백합니다. "고난당하는 것이 내게 유익이라." 하나님의 징계가 없었으면 자신은 하나님의 자녀가 될 수 없었다는 것을 고백합니다. 우리는 하나님의 자녀입니다. 그런데 실제로 하나님의 자녀가 되어야 하는데, 이게 추상적입니다. 세상 속에서 하나님의 자녀답지 않게 삽니다. 심지어 하나님의 자녀라는 것을 아예 잊습니다. 그러면 하나님께서 어떻게 하시면 좋겠습니까? 강권하시는 은혜 속에 징계하여 돌아오게 하십니다. 하나님의 자녀로 살게 하시기 위하여 마음의 변화, 생각의 변화, 삶의 변화를 징계로 하나님의 뜻을 이루십니다. 로마서 1장을 읽다 보면, 하나님의 진노 아래 살아가는 불의한 자에게 세 번이나 반복되는 중요한 용어가 있습니다. "내버려 두셨다. 내버려 두셨다. 내버려 두셨다." 방치하는 것입니다. 하나님의 자녀가 아니기 때문입니다. 그것을 부러워하지 마십시오. "내가 하나님의 자녀인데, 내가 무슨 짓을 하든 하나님은 나를 내버려 두시는 것 같아." 그 사람은 하나님 자녀가 아닙니다. 하나님은 자녀와 아버지의 관계로, 그 정체성을 가지고 하나님을 기뻐하며 살도록 역사하십니다. 오직 하나님의 자녀를 향한 하나님의 은총입니다.

그리고 더 놀라운 유익은 상속자라는 표현입니다. 천국에서 상속자 되었습니다. 17절에 유명한 복음의 극치가 진술되어 있습니다. "자녀이면 또한 상속자 곧 하나님의 상속자요 그리스도와 함께 한 상속자니 우리가 그와 함께 영광을 받기 위하여 고난도 함께 받아야 할 것이니라." 그리스도와 함께 한 상속자, 감당할 수 없는 은혜입니다. 오직 예수님만이 하나님이시요 하나님의 친아들이신데, 그가 누리는 그 영광을 같이 누리게 하시겠다고 합니다. 이게 복음의 극치요, 영화의 극치입니다. 누구에게요? 오직 하나님의 자녀에게입니다. 그러니 이 자녀 됨의 권세가 얼마나 크고 신비롭습니까? 하나님의 자녀가 되었다는 것보다 더 큰 복은 없습니다. 복음의 역사는 하나님의 자녀가 되게 하시고, 자녀로 살게 하는 것임을 항상 기억해야 합니다. 성도 여러분, 창조주 하나님이 나의 하나님 아버지시며, 나는 그분의 자녀라는 것을 실제로 인식하며, 고백하며, 기뻐하며, 누리며 살아가십니까? 깊이 생각해야 합니다.

하나님의 자녀 됨의 복

미국뿐 아니라 세계적으로 영향력을 인정받는 방송인 오프라 윈프리의 신앙적 간증입니다. 그녀는 차별주의가 극심한 미시시피 주에서 가난한 사생아로 태어났습니다. 여섯 살 때까지 외가에 맡겨졌고, 때로는 파출부인 어머니와, 때로는 다른 여자와 살고 있는 아버지와 살기도 했습니다. 이런 환경에서 그녀는 어떤 꿈을 꿀 수도 없었고, 어떠한 소망도 가질 수 없었다고 고백합니다. 그러다가 마약을 했고, 강간을 당하기도 하고, 미혼모가 되었고, 소녀 감호원에도 들어갔었습니다. 이러한 그녀에게 외할머니가 항상 이렇게 말해 주었다고 합니다. "네가 어떤 환경에 있든지 단 한 가지만 잊지 말아라. 너는 하나님의 자녀라는 사실이다. 어떠한 환경에 있든 간에 너는 하나님의 자녀라는 사실을 잊어서는 안 된다." 할머니의 이 한마디가 그녀의 열정의 씨앗이 되고, 도전의 기초가 되었다고 그녀는 고백합니다.

성도 여러분, 나 같은 죄인이, 구제 불능한 죄인이 하나님의 자녀가 되었다는 것이 자연스럽고 당연한 것입니까? 그렇게 생각한다면, 그 사람의 영적 상태를 다시 한 번 생각해야 합니다. 나 같은 죄인이 그리스도와 함께한 상속자인 하나님의 자녀가 되었습니다. 기적이 내 안에 일어난 것입니다. 감당할 수 없는 은혜가 내게 주어진 것입니다. 복음 안에서 가장 큰 복이 이것입니다. 내가 하나님의 자녀 되었다는 것의 가치를 세상의 무엇과 비교할 수 있겠습니까? 절대 없습니다. 나의 헌신, 깨달음, 착한 마음, 열정으로 되는 것이 아닙니다. 절대 아닙니다. 오직 하나님의 은혜로 말미암아 예수 그리스도의 복음을 믿음으로 됩니다. 십자가의 피의 값으로 된 것입니다. '내가 하나님의 자녀다. 난 정말 하나님의 자녀다.' 이 정체성이 험악한 세상을 이기며 살아가는 힘의 근원임을 알아야 합니다. 그렇기 때문에 먼저 우리는 세상 속에서 하나님의 자녀라는 '자녀다움'부터 생각해야 합니다. 내 마음이 어떤지, 내 생각이 어디를 향하고 있는지, 내 소원은 무엇이며 나는 어떤 생각으로 오늘을 살아가는지 생각해야 합니다. 하나님의 자녀임을 생각함으로 우리는 하나님의 자녀답게 살아갈 수 있습니다. 성령께서 하나님의 자녀다운 생각을 갖도록, 복음의 생각으로 이끌리도록 우리를 깨우치고, 새롭게 하시고, 확신케 하시고, 믿게 하십니다. 그 믿음으로 오늘을 살게 하십니다.

성도 여러분, 하나님의 자녀는 더 이상 육신에 속한 자도 아니요, 세상에 속한 자도 아닙니다. 내가 내 삶의 주인도 아닙니다. 하나님의 자녀라는 신분과 권세는 하나님께서 주신 은혜입니다. 정말 내가 하나님의 자녀임을 믿는다면, 그는 하나님께 속한 자로 하나님이 중심인 삶을 살아갈 수밖에 없습니다. 성령의 역사 가운데 중생하여 영생을 소유하게 되었고, 의롭다 칭함 받는 은총을 받게 되었습니다.

그리고 더 나아가 하나님이 주실 수 있는 최상 최고의 복을 선언해 주셨습니다. '너희는 하나님의 자녀다.' 이 사실을 깨닫고 인식함으로 우리는 주와 동행하며, 주의 은총을 누리며, 복 있는 인생을 살아가게 됩니다. 하나님의 자녀는 아버지 하나님을 갈망합니다. 왜냐하면 자녀이기 때문입니다. 자녀이기 때문에 하나님께 가까이 나아가기를 갈망합니다. 그래서 예수 그리스도를 구주로 모시고 그리스도를 따라가는 삶을 살아갑니다. 그 길만이 하나님께 가까이 가는 길이요, 하나님과 함께하는 길임을 확신하기 때문입니다. 그런즉 우리는 성령의 사람으로 아버지 하나님과 함께하며, 하나님의 자녀다운 승리의 삶을 살아가야 할 것입니다.

전지전능하신 은혜의 하나님, 감당할 수 없는 은혜 속에 미천한 자가 오직 주의 복음을 믿음으로 하나님의 자녀 되게 하시고, 그 자녀 됨의 권세와 가치와 의미를 깨닫게 하시사, 이 어두운 세상에 빛의 자녀로 하나님의 자녀답게 살아갈 수 있는 은총을 허락해 주심을 진심으로 감사드립니다. 성령이시여, 세상에 묻히고, 세상에 속한 자로 살아, 자신의 정체성을 망각한 채 정신없이 바쁘게 살아가는 이 미천한 자를 다시 깨우쳐주시사 성령의 증언을 듣고, 성령의 역사를 인식하며, 복음의 역사 가운데 하나님의 자녀 되었음을 참으로 감사하며, 기뻐하며, 그 실제적 사건이 내 삶에서 성취되며 나타내게 하여주시옵소서. 이 어두운 세상에, 하나님의 진노 아래 있는 이 인류의 역사 속에, 하나님의 선택과 부르심 가운데 하나님의 은혜로 말미암아 하나님의 자녀 되었음을 항상 깨달으며, 인식하며, 자녀다운 생각으로 하나님께 영광 돌리는 삶을 살아갈 수 있도록 지켜주시옵소서. 우리 주 예수 그리스도의 이름으로 간절히 기도드리옵나이다. 아멘.

07
—
거룩한
자가
되라

오직 너희를 부르신 거룩한 이처럼 너희도 모든 행실에 거룩한 자가 되라
기록되었으되 내가 거룩하니 너희도 거룩할지어다 하셨느니라
베드로전서 1:15-16

거룩한 자가
되라

하나님의 사람 제임스 패커 목사의 저서 중 『거룩의 재발견』이라는 책이 있습니다. 이 책에서 거룩함이란 '은혜 안에서 지속적으로 성장하는 것'이라고 정의를 내리며, 우리에게 많은 거룩함에 대해 지혜를 줍니다. 특별히 영적 성장을 가로막는, 거룩함을 가로막는 거룩함에 대한 오해를 다섯 가지로 설명합니다. 함께 생각해 보시기 바랍니다.

첫째, 은혜의 성장이 언제나 분명하게 볼 수 있도록 나타난다고 믿는 오류입니다. 거룩함은 영적이고 내적인 것입니다. 항상 외적으로 나타나는 것이 아닙니다. 그런데 이 외적인 것에 끌리면 경건의 모양만 갖고 잘못된 거룩함의 삶을 살아가게 됩니다. 둘째, 은혜의 성장이 언제나 획일적으로 진행된다고 믿는 오류입니다. 거룩함의 역사는 다양하게 나타납니다. 그런데 이것을 서로 비교하면서 '거룩하다, 거룩하지 못하다. 경건하다, 경건하지 못하다' 판단하는 것은 또 다른 죄의 유혹입니다. 셋째, 전문적인 종교인이 되면 은혜 안에서 저절로 성장한다고 믿는 오류입니다. 거룩함은 오직 성령의 역사 안에서 얻어지고 나타납니다. 어떤 직분을 갖는다고, 더나아가서 목회자나 선교사 또는 신학 교수나 총회장이 되고, 심지어 타 종교지만 교황이 됐다고 거룩함이 저절로 되는 것이 아닙니다. 그런 것같이 느껴지나, 전혀 아닙니다. 넷째, 은혜 안에서 성장하면 생활 속에서 긴장이나 고통이나 여러 압박을 받지 않는다고 믿는 오류입니다. 세상에서는 아무리 거룩을 지향하고 주와 동행해도 이러한 근심거리들은 항상 직면하며 살아가야 합니다. 다섯째, 힘든 삶의 현장과 무거운 짐, 상처를 주는 인간관계를 떠나서 조용한 장소로 가면 은혜의 성장이 촉진될지도 모른다고 믿는 오류입니다. 일시적인 기분일 뿐입니다. 그래서 마르틴 루터도 수도원에서 뛰쳐나왔습니다. 아무리 산속 깊은 데 가서 홀로 죄 안 짓고 산다한들 그 자체가 거룩함이 아닙니다. 이것을 분명히 기억해야 합니다.

그리스도인의 삶의 목적

성도 여러분, 그리스도인의 삶의 목적이 무엇입니까? 중생을 확신하며 사는 중에 어떤 목적을 가지고 오늘을 살아가십니까? 성경은 명백하게 말씀합니다. 거룩입니다. 이것을 잊어서는 안 됩니다. 행복, 부, 건강, 자아 성취 같은 것이 아닙니다. 예수 믿기 전이나 중생하기 전처럼, 특별히 세상에 불신자들을 보면 부와 성공과 명예와 권력과 자아 성취에 끌려갑니다. 얼마나 많은 시간과 열심과 노력을 허비하며 살아갑니까? 아무리 세상에서 성공하고 높임을 받는다 한들 하나님께서 보시기에 허탄한 인생일 뿐입니다. 거룩하신 하나님과 바른 관계를 맺는 삶, 그것을 거룩이라고 합니다. 그래서 하나님께서 하나님의 자녀를 재창조하시고, 성도라 부르십니다. Saint, 곧 거룩한 자라 명명하셨습니다. 그리스도인이 그리스도와 함께하며, 그리스도를 따르는 삶을 살아가며, 하나님과 동행하는 삶을 살아가는 것은 추상적인 것이 아닙니다. 그 실제적 의미는 거룩함을 지향한다는 것입니다. 거룩함을 나타낸다는 것입니다. 이것을 잊어서는 안 됩니다. 하나님의 일을 한다, 선교를 한다, 열심히 성경 공부한다, 이웃을 사랑한다고 하면서 그 마음속 깊은 곳의 삶의 목적이 거룩에 있지 않다면 잘못된 신앙생활입니다. 이것을 분명히 기억해야 합니다.

데살로니가전서 4장 3절에 기록된 말씀입니다. "하나님의 뜻은 이것이니 너희의 거룩함이라." 항상 기억하시기 바랍니다. 하나님께서는 구원받은 하나님의 자녀가 거룩을 지향하며, 거룩을 나타내며, 거룩함을 이루는 인생을 살기를 기뻐하십니다. 이것이 하나님의 뜻입니다. 그래서 성경에 거룩 또는 거룩의 의미가 있는 용어가 700번 이상이나 반복되어 기록됩니다. 이처럼 거룩을 지향하고 거룩을 나타내는 인생을 신학적으로 '성화'라고 합니다. 성화의 교리입니다. 매우 중요한 하나님의 뜻입니다.

성도 여러분, 십자가 복음의 목적이 무엇입니까? 다시 한 번 성경 말씀을 상기하십시오. 두 가지를 명료하게 우리에게 말씀해 주고 있습니다. 첫째, 하나님의 자녀가 되는 것입니다. 성육신하신 것도, 예수님이 가르치신 것도, 십자가에서 이루신 일도 결국은 자녀 되는 것입니다. 하나님의 자녀가 되는 것입니다. 중생의 역사로 영생을 받고, 칭의의 역사와 함께 양자됨으로 하나님의 자녀가 되기 위하여 십자가의 복음이 나타난 것입니다. 그러나 여기서 끝이 아닙니다. 이제 그 자녀로 계속 살게 됩니다. 세상에서 살아갑니다. 그러기에 한 가지가 더 있습니다. 그것이 거룩입니다. 하나님의 자녀답게 산다는 것은 거룩을 지향하고 나타내며 갈망하면서 오늘을 살아가는 것을 의미합니다. 그래서 요한복음 17장에 보면 예수님께서 십자가를 지시기 전날 최종적인 기도로 중보기도를 하십니다. 19절에 보면 이렇게 기도하셨습니다. "또 그들을 위하여 내가 나를 거룩하게 하오니 이는 그들도 진리로 거룩함을 얻게 하려 함이니이다." 예수님은 하나님의 자녀인 거듭난 그리스도인이 오직 거룩함을 지향하며 거룩하게 되기를 기도하셨습니다. 오늘도 이 기도를 하십니다. 이것을 잊어서는 안 됩니다.

그래서 에베소서 1장 4절에 유명한 선언이 있습니다. "곧 창세 전에 그리스도 안에서 우리를 택하사 우리로 사랑 안에서 그 앞에 거룩하고 흠이 없게 하시려고." 이것이 구원의 목적입니다. 하나님 앞에서 거룩하고 흠이 없게 하시려고, 성화되게 하시려고 우리를 하나님의 자녀로 부르셨다고 명백히 선언합니다. 그런고로 하나님께서 하나님의 자녀를 향한, 그리고 인류를 향한 목적은 오직 하나입니다. 바로 거룩입니다. 성령께서는 이것을 깨닫게 하십니다. 하나님의 자녀가 되게 하여 이 소원을 두고 살게 하십니다. 중생하지 않은 자에게 아무리 거룩을 외쳐봐야 이는 추상적인 진리이고 와 닿지도 않는 이야기입니다. 무엇인지도 모릅니다. 왜 그래야 하는지도 모릅니다. 그러나 하나님의 자녀는 이제 비로소 성령의 역사 가운데 깨닫고, 믿고, 확신하며 하나님의 뜻을 추구하면서 오늘을 살아가게 됩니다. 우리는 구원의 목적에 대해서 주로 십자가를 생각하면서 죄 사함이나 하나님의 자녀에 대한 것으로 그칩니다. 그러나 그런 것이 아닙니다. 또 세상은 교회에 화평, 자유, 평등, 번영을 요구합니다. 하지만 그런 것은 예수님께서 이 땅에 오신 목적이 아닙니다. 십자가의 은혜가 아닙니다. 그것은 부차적인 것입니다. 최상 최고의 목적은 거룩입니다. 성경은 거룩하신 하나님을 선포합니다. "내가 거룩하니 너희도 거룩할지어다." 성령께서는 이 사실을 항상 깨닫게 하시고, 그 길을 가게 하십니다.

하나님의 은혜와 성화

성도 여러분, 이 구원의 역사에서 성화는 조건이 아닙니다. 성화로 구원이 결정되는 것이 아님을 분별해야 합니다. 구원이란, 오직 은혜로 됩니다. 중생의 역사, 칭의의 역사, 양자됨의 역사, 이것이 십자가의 복음 위에 나타난 하나님의 은혜입니다. 이것을 믿음으로 하나님의 자녀가 됩니다. 그런데 성화를 강조하면 아무리 하나님의 뜻이 거룩이라 할지라도, 마치 성화가 구원을 좌지우지하는 것 같습니다. 성화 되지 않으면 구원받지 못한 것 같습니다. 그러면 단 한 사람도 구원받지 못한다는 사실을 알아야 합니다. 성화는 구원받은 하나님의 자녀의 삶의 과정이며 목적입니다. 이것을 구별해야 합니다. 다시 말해서, 중생하지 못한 자는, 하나님의 자녀가 되지 못한 자는 절대 성화할 수 없습니다. 세상은 그것과 비슷한 도덕적, 윤리적인 삶을 추구하는 것을 성화라고 착각하게 합니다. 경건의 모양을 성화로 착각합니다. 기준이 잘못되었습니다. 인간의 기준이 아닙니다. 하나님의 기준, 하나님의 의를 이루어야 성화입니다. 그런고로 중생하지 못하면 성화에 이르지 못합니다. 동시에 그럼에도 성화는 구원의 조건이 아닙니다. 그래서 복음과 성화를 분별해야 합니다. 성령께서 명백히 분별하게 하십니다. 이것을 혼동하고 혼합하면, 나도 모르는 사이에 이미 율법주의자가 되어 종교화된 인생을 살아갑니다. 이는 무섭고 교묘한 사탄의 유혹입니다. 그래서 초대교회는 오직 복음을 외치면서 다른 복음에 대한 명료한 선언을 합니다. "저주를 받을지어다." 그 당시 초대교회에 다른 복음이 자꾸 들어왔습니다. 복음과 성화를 분별치 못했기 때문입니다.

중생과 칭의와 양자됨은 오직 은혜로 됩니다. 예수 그리스도의 십자가 은혜로 받습니다. 내가 하는 무엇이 아닙니다. 절대 아닙니다. 그래서 우리가 구원받을 수 있습니다. 그런데 성화는 하나님이 하신 일과 내가 하는 일이 합해져서 이루어집니다. 이것은 저절로 되지 않습니다. 단번에 되는 것도 아니요, 평생 갑니다. 그런데 이것을 내가 합하면 아주 이상한 복음이 됩니다. 하나님이 하신 구원의 완성을 파괴합니다. 가감하고 축소합니다. 그래서 이런 논쟁이 초대교회 이후로 계속됩니다. 지금도 계속 진행 중입니다. 그 결과 수많은 교단으로 쪼개지고, 쪼개지고, 쪼개집니다. 특히 한국에 교단과 교파가 많은데, 그 이유를 깊이 생각해 보면 복음과 성화를 구별하지 못하기 때문입니다. 성화를 말하면서 그리스도인은 하나님의 자녀답게 살아야 한다는 것을 강조하다 보면, 복음과 성화를 분별하지 못하고 하나로 묶어서 강조하다 보면 자꾸 갈라지게 됩니다. 그래서 여러 교단이 등장했는데, 이처럼 성화를 강조하다 보면 하나 되지 못합니다. 거룩을 지향하고 이것이 하나님의 뜻이라고 하는 것은 맞지만, 그럼에도 그 교단에서 복음을 바르게 선포하는 것은 아닙니다. 다른 제도가 많습니다. 인간이 만든 율법들이 더 많습니다. 제자화해야 되고, 무언가를 해야 된다는 등 무엇인가 요구하는 것이 많습니다. 이런저런 것을 해야 성화를 이룬다고 생각하며 결국 사탄의 유혹에 빠지게 됩니다. 복음과 성화는 분별되어야 합니다. 넓은 의미에서 성화도 복음의 영역 안에 있지만, 분명한 것은 분별해야 됩니다.

성화에 대한 바른 이해

그러면 성화란 무엇입니까? 거룩함이라는 것이 무엇입니까? 그 용어부터 생각해 보십시오. 성화는 영어로 sanctification인데, 이는 '신격화되는 것' 또는 '거룩하게 되는 것'을 말합니다. 그런데 이 단어의 어원적 의미는 더 명료하고 단순합니다. 즉 '분리되는 것'입니다. 구별되는 것입니다. 예를 들어, 성경에 보면 하나님이 계신 곳인 성전이 구별되었다고 말씀합니다. 세상에 존재하고 또 나무나 천같이 만드는 재료도 전부 다 세상의 것을 썼습니다. 그러나 구별되었고 분리되었다고 말하는데, 이것이 성화입니다. 특히 유대 종교를 보면, 그들은 안식일을 구별합니다. 이는 귀한 것이지만, 성화를 너무 강조하다 보니 안식일을 지켜야 성화되고, 거룩한 자의 삶을 추구한다고 믿다가 빗나가게 됩니다. 안식일 종교가 돼버렸습니다. 결국 그들은 예수님을 십자가에 못박습니다. 안식일을 지키고 성화를 강조한다는 것은 좋은 일이나 방법이 잘못됐습니다. 복음과 성화가 혼합되었습니다. 그러니 안식일 규범이 생깁니다. 율법으로 지킵니다. 의도는 선합니다. 안식일을 구별하고 선하게 지킨다는 것은 최선이 아닙니다. 차선입니다. 결국 복음을 파괴하게 됩니다.

예를 들어, 유대교 최대의 명절인 '욤 키푸르'라는 것이 오늘도 지켜집니다. 새해가 되고 열 번째 되는 날로, '속죄의 날'이라는 뜻입니다. 그 전날에 유대인들은 '콜 니드라이'라는 기도를 낭송합니다. 이것은 이미 했던 서원과 맹세를 무효화해 달라는 기도입니다. "우리의 서원을 서원이 되지 않게 하소서. 우리의 맹세를 맹세 되지 않게 하소서." 참 희한한 기도를 하고 있습니다. 왜 그렇겠습니까? 맹세하고 서원했는데 지킬 수가 없습니다. 그러니 자신의 맹세와 서원에 매여서 또 다른 죄를 짓습니다. 어떻게 보면 하나님 앞에 더 솔직하고 진실한 것 같지만 참 모순입니다. 유대교는 이런 방식으로 종교인들의 마음을 편하게 해줍니다. 이성적으로는 그것이 맞습니다. 그러나 복음 안에서 생각해 보십시오. 뭐 이런 기도가 다 있습니까? 하나님께 서원하고 맹세한 것을 취소해 달라고 기도하고, 취소됐으니 자유롭다고 합니다. 이 얼마나 엉터리입니까? 이렇게 된 것은 하나님의 뜻과 인간의 뜻을 분별치 못하기 때문입니다. 복음과 성화를 분별하지 못했기 때문에, 한마디로 성화에 대한 잘못된 이해로 이렇게 종교화됩니다. 이런 것이 우리 안에, 우리 주변에 널려 있습니다.

그러므로 성화의 정의부터 명백히 밝혀야 합니다. 성경적으로 보면 두 가지 차원을 말합니다. 소극적으로는 죄로부터 분리되는 것입니다. 불경건과 불의와 세속적인 것으로부터 구별되는 것이 성화입니다. 그러나 적극적으로는 그것으로 안 됩니다. 적극적으로는 하나님께 드리는 것입니다. 하나님을 섬기기 위해서 구별하는 것입니다. 이것은 차원이 다릅니다. 우리는 복음의 사람이므로 복음적 차원에서, 성령의 역사 안에서 생각해야 합니다.

성화를 분류하면 두 가지로 나누어집니다. 첫째, 성화란 칭의 이전에 칭의와 함께 이미 우리 안에 시작된 것입니다. 내가 알지 못하는 가운데 이루어졌고, 나타나는 것입니다. 다시 말해서, 하나님께서 우리를 의롭다 하시기 전에 우리는 회개함으로 죄 사함을 얻습니다. 그것이 성화입니다. 죄로부터 구별된 것입니다. 그러므로 죄 사함을 받고, 하나님의 의를 선물로 받습니다. 이미 성화된 것입니다. 이것을 항상 기억해야 합니다. 하나님의 자녀 되었다는 것은 이미 성화되어 하나님으로부터 성도라 칭함 받음으로 구별된, 분리된 존재가 된 것입니다. 이것이 복음입니다. 내가 한 게 하나도 없습니다. 이것을 깨닫고 믿음으로 이러한 신분이 된 것입니다. 얼마나 감사합니까!

그런데 두 번째는 칭의 이후입니다. 그대로 천국 가는 것이 아닙니다. 이 세상에서 살고 있습니다. 항상 죄 중에 있고, 죄 가운데 있습니다. 행실로는 아니지만, 영적으로나 내적으로는 항상 죄 가운데 있습니다. 온전히 분리되지 못합니다. 그런고로 칭의 이후에 성화가 우리에게 남아 있습니다. 이것은 단번에 되는 게 아닙니다. 칭의와 함께 되는 것은 단번에 성화 되지만, 칭의 이후에 되는 것은 지속하여 평생에 걸쳐서 되는 것입니다. 문제는 이것이 저절로 되지 않는다는 것입니다. 칭의 이전과 같지 않습니다. 여기에는 하나님이 하신 일과 우리가 하는 책임적 실천, 순종이 요구됩니다. 일반적으로 성화를 말할 때 칭의 이후를 말하지만, 복음 앞에서 생각하면 칭의 이전과 칭의 이후의 모든 것이 성화의 삶입니다.

그러면 이 거룩, 성화라는 것이 어떻게 내 안에 이뤄질 수 있습니까? 성경의 답은 오직 하나입니다. 오직 하나님의 방식으로입니다. 오직 복음의 방식입니다. 그런데 그것을 온전히 믿지 못합니다. 자꾸 인간의 생각과 방식을 더합니다. 그럴 때 복음이 파괴되고 종교화됩니다. 모든 종교도 거룩을 추구합니다. 나름대로 도덕과 의를 추구합니다. 하지만 하나님 앞에서 하나님이 보시기에는 불가능합니다. 인간이 잘못 생각하는 성화의 방식이 대표적으로 두 가지입니다. 먼저는 하나님으로부터 의롭게 되었다는 칭의와 함께 다음에 반드시 성화가 따라와야 한다는 것입니다. 저절로 성화가 따라올 수밖에 없다는 것으로, 이것을 강조하다 보면 특정 교단이 됩니다. "당신은 경건하지 못해. 아직 거룩하지 못해. 당신은 아직 그리스도인이 아니야. 하나님의 자녀가 아니야"라고 말합니다. 뭘 말합니까? 성화가 구원을 결정짓는 조건이 됩니다. 하지만 어느 누가 일상에서 하나님 앞에 거룩한 자입니까? 그러면 아무도 구원받지 못합니다. 그런데 자기가 무슨 말을 하는지를 모릅니다. 사탄의 유혹에 빠집니다. 구원을 인간의 힘과 노력의 영역에 집어넣었습니다. 이는 십자가의 복음을 파괴하는 것입니다. 예수 그리스도의 이름으로 이런 일이 역사 안에 오늘도 계속 행해집니다. 칭의 다음에 성화가 반드시 저절로 따라오는 것이 결코 아닙니다.

또 다른 잘못된 오류는 칭의와 성화를 완전히 분리하는 것입니다. 중생하지 못하면 성화가 이루어지지 않는데, 이것을 망각하고 성화에만 초점을 맞춥니다. 거룩해져야 되고 거룩한 삶을 살아야 하며, 거룩하신 하나님의 일을 높여야 된다면서 수많은 제도를 만들고 계속 지켜나가면 거룩하게 될 것이라고 합니다. 남이 보기에 거룩해 보이는지 모르지만, 그것을 지속할 수 없습니다. 그 과정에서 영적이고 내적인 것은 전부 다 황폐해집니다. 은혜가 없습니다. 너무 힘듭니다. 결국 종교화됩니다. 대표적인 것이 성경에 나오는 유대교입니다. 오늘날의 가톨릭입니다. 그런고로 이 성화는 구원의 전 과정으로 받아들여야 합니다. 칭의 이전과 함께 이후에도 계속되는 것입니다.

복음과 성령의 역사로 인한 성화

제가 칭의 교리를 말씀드리면서 로마서 5장 1절 말씀을 무척 강조했습니다. "그러므로 우리가 믿음으로 의롭다 하심을 받았으니 우리 주 예수 그리스도로 말미암아 하나님과 화평을 누리자." 에덴낙원 부활소망 안식처의 제 자리에도 이 말씀을 기록해 두었다고 말씀드린 적이 있습니다. 왜냐하면 이 한 절이 칭의에 대한 대표적인 성경 말씀이기 때문입니다. 칭의와 성화가 동시에 이루어집니다. 성화는 조건이 아닙니다. 하나님이 의롭게 받으신 자는 하나님과 화평을 누리는 자가 되어 영화를 누립니다. 이것이 복음입니다. 그런데 이것을 망각하고, 인간이 착해지고 선해지며 거룩해져야 구원이 완성된다고 하는 것은 정말 허탈해지는 이야기입니다. 그럴듯하지만 이것을 분별해야 합니다. 오직 하나님의 방식으로 성화가 이루어집니다. 구원의 전 과정입니다. 처음부터 끝까지 하나님의 역사 속에 성화의 삶이 이루어집니다. 예수님은 이것을 한마디로 요약하십니다. 예수님의 최후 최종적 기도에 나타납니다. "그들을 진리로 거룩하게 하옵소서 아버지의 말씀은 진리니이다"(요 17:17).

하나님만이 하십니다. 하나님의 방식으로, 오직 복음 진리로 하나님의 자녀가 되고, 오직 복음 진리에 순종하여 성화에 이릅니다. 그러므로 중생한 자는 하나님께서 나를 부르시는 그날까지 항상 중생을 확신해야 합니다. 이것은 거저 되는 것이 아닙니다. 예수님께서 십자가에 죽으셨기 때문에 됩니다. 하나님께서 은혜를 무한하게 주셨기 때문에 그 약속으로 되는 것으로 이것은 과거형이 아닙니다. 과거, 현재, 미래, 하나님의 자녀의 전 생애를 말합니다. 중생의 확신 가운데 영생을 소유했음을 알고, 칭의의 역사가 나타났음을 알고, 양자됨의 역사를 알고 그 안에서 만족하고 기뻐하며 하나님만을 찬양합니다. 하나님을 닮기를 기뻐합니다. 그 과정에서 성화가 이루어집니다. 이 믿음과 확신으로 살아갈 때, 오직 은혜에 붙들릴 때 성화가 이루어지는 것이지, 은혜를 떠나서 또 다른 복음이나 성화의 길을 통해 되는 것이 아닙니다. 이것은 종교를 하나 만드는 것입니다. 그런데 기독교 안에 이런 일이 계속되고 있습니다.

성도 여러분, 복음의 역사와 하나님의 은혜 없이 또 성령의 역사 없이는 누구도 성화를 이루거나 완성할 수 없습니다. 하나님의 기준입니다. 하나님의 의 앞에 어느 누가 거룩한 자로 오늘을 살아갈 수 있겠습니까? 하나님의 방식 외에는 불가능하다는 사실을 항상 기억해야 합니다. 그래서 종교개혁자들은 이 모든 것을 알기에 성령 충만하여 오직 복음을 외쳤습니다. 오직 은혜, 오직 믿음, 그 복음의 역사와 은혜의 역사와 중생의 역사 안에서 비로소 거룩이라는 삶이 나타나고 이루어집니다. 사도들의 성경 기록을 보십시오. 오직 복음입니다. 오직 성령의 역사, 오직 믿음으로, 오직 은혜로 성화가 이루어집니다. 내가 별도의 또 다른 일을 해야 하는 것이 아닙니다. 아침부터 이런 일을 하고, 저녁에 이런 일을 하고, 개인적인 기도제목을 정하고, 특정한 제도를 따라가야 되는 것이 아님을 명백히 알아야 합니다. 그래서 하나님의 자녀는 일상에서 성화를 목적으로 추구하며, 성화의 완성을 알며 오늘을 살아가야 합니다.

성화에 이르는 여정

성령께서는 내 안에서 성화가 완성되는 것을 명료하게 가르쳐주시고, 그 길을 따라가게 하십니다. 가장 먼저는 중생을 인식하는 것입니다. 내가 어떻게 중생했는지, 어떻게 영생을 소유했는지, 어떻게 의롭게 됐는지, 어떻게 나 같은 죄인이 하나님의 자녀가 되었는지 깨닫습니다. 오직 십자가의 복음으로, 오직 예수 그리스도 안에 있는 하나님의 은혜로 말미암아 된다는 것을 꿈에도 잊어서는 안 됩니다. 내가 하나님의 자녀가 된 것은 엄청난 기적이 내 안에 일어난 것입니다. 그럴 때 은혜에 붙들리게 됩니다. 이전에는 내 판단으로 사람을 봤지만, 이제는 은혜로 봅니다. 하나님의 시각으로 봅니다. 사랑의 시각으로 봅니다. 높고 낮음이 아닙니다. 누가 죄를 더 지었는지, 안 지었는지의 문제가 아닙니다. 은혜 안에서 복음의 관점으로 보게 됩니다. 그러한 삶의 연속에서 성화가 이루어지기 시작합니다.

그리고 두 번째는 '나'라는 존재를 항상 인식합니다. 이것은 구원의 역사처럼, 복음처럼 하나님께서 일방적으로 해주시는 것이 아닙니다. 단번에 되는 것이 아닙니다. 성화는 내 안에서 내가 해야 할 책임이 있는 것입니다. 내가 하나님의 말씀에 적극적으로 순종해야 합니다. 내가 하나님께 순종하지 않으면서 성화라는 것을 말할 수는 없습니다. 산에 가서 열정적으로 기도하면 되는 것입니까? 전혀 차원이 다릅니다. 하나님이 하신 일과 내가 하는 일이 합하여 성화가 이루어집니다. 평생에 지속해야 됩니다. 그런고로 항상 마음이 거룩에 있어야 합니다. 이것이 하나님의 뜻이므로 거룩을 추구하며 성화를 이루는 것이 바로 복음의 역사임을 묵상해야 합니다. 이는 예수 그리스도를 본받고 따라가는 과정에서 이루어지는 것입니다.

세 번째는 성령의 역사입니다. 성령의 역사가 없이 거룩이라는 것은 없습니다. 내가 삶의 목적을 그렇게 세운다고 되는 일이 아닙니다. 오직 성령께서만 거룩을 추구하고 거룩함을 나타내는 삶을 살아가게 인도하십니다. 그것이 영 주도적인 삶입니다. 눈에 보이는 것에 끌려가는 것이 아니라, 영적인 것에 끌려 살아갑니다. 이것이 영생의 삶입니다.

마지막으로 네 번째, 성화의 완성은 죽음입니다. 이것을 잊지 마십시오. 죽음을 통해서 성화가 완성되므로 죽음 이전에는 성화 근처에만 가는 것이지 완성되지 않습니다. 그러나 죽음에서 완성됩니다. 그래서 성경은 말씀합니다. "성도의 죽음을 하나님께서 귀하게 보신다." 성화가 완성됐기 때문입니다. 하나님의 뜻이 완성됐기 때문입니다. 많은 하나님의 사람들의 임종을 보십시오. 목회자로 많이 지켜보면서 그때 생각을 합니다. "이 사람은 잘 믿었지만, 아직 거듭나지 않은 사람이구나. 이 사람은 좀 엉터리 같은데. 이 사람은 하나님의 자녀 맞네." 죽음을 앞에 놓고 이 죽음의 사건 앞에 완성되어 갑니다.

얼마 전에 제 어머님이 소천하셨습니다. 어느 순간부터 귀가 안 들렸습니다. 몇 년 동안은 걷지도 못했습니다. 육신의 고통을 안고 있었습니다. 그런데 그분을 통해 확증한 게 있습니다. "그렇다. 이것이 성화다." 왜요? 기도와 말씀에 전무하고 계셨습니다. 제 여동생이 항상 모시면서 놀랐습니다. "엄마, 엄마 신학교 가려고 그래?" 매일 밑줄 치며 성경을 보니까요. 귀가 안 들리니 대화할 수 없고, 움직일 수도 없으니까 항상 성경을 보며 기도합니다. 귀가 안 들리는 걸 모르니까 본인의 목소리가 얼마나 큰지 모르고 크게 소리를 냅니다. 항상 할렐루야입니다. 얼굴빛이 밝습니다. 거룩하고 흠이 없게 하나님께서 하나님의 자녀에게 뜻을 이루시어 천국으로 가게 됩니다. 얼마나 감사한 일입니까!

빌립보서 2장 12절과 13절의 말씀을 들어보시기 바랍니다. "항상 복종하여 두렵고 떨림으로 너희 구원을 이루라 너희 안에서 행하시는 이는 하나님이시니 자기의 기쁘신 뜻을 위하여 너희에게 소원을 두고 행하게 하시나니." 이것이 성화입니다. 보십시오. 구원받은 자에게 말합니다. "구원을 이루라." 이미 하나님의 자녀여서 구원받았으므로, 구원을 이루라는 것은 성화의 삶을 말합니다. 거룩함을 이루라는 것입니다. 우리 안에서 하나님이 행하시고, 보혜사 성령께서 우리 안에 역사하십니다. 그리고 소원을 두게 하십니다. 내 소원이 아니라 하나님의 소원이 들어가 있습니다. 거룩을 추구하게 합니다. 이는 한 번으로 되는 일이 아닙니다. 계속 반복해서 되는 일입니다. 실패를 통해서, 질병을 통해서, 때로는 기쁜 일을 통해서 하나님의 음성이 들립니다. 거룩입니다. 이것이 내 소원이 되고, 거룩함을 추구함을 통해서 거룩함이 나타나기 시작합니다. 그리고 완성되는 것입니다. 이것이 하나님의 구원의 역사입니다.

그래서 사도 바울은 갈라디아서 2장 20절에 유명한 신앙고백을 합니다. "내가 그리스도와 함께 십자가에 못 박혔나니 그런즉 이제는 내가 사는 것이 아니요 오직 내 안에 그리스도께서 사시는 것이라." 성령 충만하여 성화의 완성을 체험하고 고백한 것입니다. 궁극적 완성은 아닙니다. 죽음으로 완성됩니다. 죽음에 직면하는 감옥에서의 경험에서 깨닫습니다.

'성화, 이렇게 하나님께서 거룩함을 나타내게 하시는구나. 거룩하게 하시는구나.' 이제는 살아 계신 그리스도밖에 보이지 않습니다. 자아가 무너지고, 깨지고, 떨쳐버리고 싶었는데, 살아 계신 그리스도가 내 안에 계심을 인식하고 고백하니 성화가 완성되었음을 고백하는 것입니다.

고대 페르시아의 우화를 하나 소개하겠습니다. 한 나그네가 진흙을 한 덩이 얻었습니다. 그 진흙에서는 좋은 향기가 났습니다. 그 진흙에게 물었습니다. "너는 바그다드의 진주냐?" 진흙은 대답합니다. "아닙니다." "그러면 너는 인도의 사향이냐?" "아닙니다." "그럼 도대체 너는 누구냐?" "저는 한 덩이의 진흙일 뿐입니다." "근데, 도대체 어떻게 너에게서 향기로운 냄새가 나느냐?" 진흙은 대답합니다. "저는 그저 백합화와 함께 오래 살았기 때문입니다."

성도 여러분, 성령의 역사 안에 있지 않으면 성화란 추상적인 것입니다. 그러다 보니, 자주 위선의 삶에 끌려갑니다. 오직 성령의 역사 안에서 복음의 역사가 나타납니다. 그 복음의 비밀을 알고 칭의, 중생, 양자됨, 성화, 영화라는 십자가와 복음의 교리를 인식하고 믿음으로 성화의 삶은 이루어져 갑니다. 부족하지만 내 안에서 나타나게 됩니다. 성령은 항상 예수 그리스도께 인도하며, 하나님의 복음에 깊이 붙들리어 하나님만을 소망하게 인도하십니다. 이런 삶 속에서 성화의 삶이 나타납니다. 그래서 하나님의 자녀는 매일매일 항상 복음으로 시작하고, 복음으로 기도하고, 복음적 생각으로 서원하며, 복음에 끌려 오늘을 살아갑니다. 그 삶의 과정에서 비로소 성화의 삶이 이루어지기 때문입니다. 성령은 이 성화의 비밀을 깨닫게 하시고, 이 길을 가게 하십니다. 그러는 중에 성령의 열매가 맺혀집니다. 그래서 오늘 성경은 명료하게 선포합니다. "오직 너희를 부르신 거룩한 이처럼 너희도 모든 행실에 거룩한 자가 되라." 좀 의역해서 성경적 용어로 설명하겠습니다. "나는 거룩한 하나님이니, 나는 거룩한 여호와 하나님이니, 너희도 거룩하라. 너희는 내가 부름으로, 내 은혜로 하나님의 자녀 되었으므로 거룩하라. 이게 마땅할지니라." 그렇지 않겠습니까?

성도 여러분, 거룩은 하나님의 뜻입니다. 오직 하나님의 자녀만이 이 한 가지 목적에 이끌리어 하나님의 영광을 나타내며, 하나님의 은혜에 감사하며, 내 안에서의 성령의 역사를 인식하며 오늘을 살아갑니다. 거룩하신 하나님께 간절히 거룩한 삶을 나타내기를 기도합니다. 간절히 기도하며, 그 기도의 응답으로 거룩을 지향하게 됩니다.

거룩이 아니면 하나님과 함께할 수 없습니다. 동행할 수 없습니다. 그러한 믿음과 기도 중에 내 소원이 바뀝니다. 이제는 거룩입니다. 우선순위가 바뀝니다. 거룩함을 지향하는 가운데 자아가 부인되며, 자신을 부인하게 됩니다. 그리고 이제는 오직 예수 그리스도 안에서 하나님 나라를 봅니다. 하나님 나라와 하나님의 의를 먼저 구합니다. 천국을 향한 담대한 인생을 살게 됩니다. 천국을 준비하는 인생을 살아가게 됩니다. 죽음을 두려워하지 않습니다. 죽음은 내 성화가 완성되는 시기임을 알기에 기꺼이 직면하며 천국에 마음을 두고, 소원을 두고 오늘을 살아갑니다. 오직 성령의 역사 안에 성령의 사람만이 중생을 확신하고 이 땅에서 하나님의 자녀답게 살며, 하나님의 영광을 나타내게 됩니다.

전지전능하신 은혜의 하나님, 하나님이 보시기에 하나님 앞에 미천한 죄인이며, 구제 불능한 벌레 같은 인생이지만, 오직 하나님의 은혜와 사랑으로 부르심을 받아 믿음으로 하나님의 자녀 된 권세를 선물로 주시며, 이 험악한 세상에서 하나님과 함께하는, 하나님의 자녀답게 사는 삶을 가능케 해주심에 진심으로 감사드립니다. 성령이시여, 이 놀라운 복음의 비밀을 깨닫게 하시고, 성화의 비밀을 알게 하시어 이 어두운 세상에서 빛의 자녀로 살게 하시며, 거룩을 삶의 목적으로 두며, 주 안에서 그 거룩함을 나타내며, 하나님께 영광 돌리는 삶을 살게 해주심을 진심으로 감사드립니다. 이 놀라운 복음의 역사의 증인으로, 살아 계신 그리스도의 역사의 증인으로 이 세상을 향하여, 불신자들을 향하여 깨어 기도하며, 중보기도하며, 십자가의 복음의 증인으로 승리하는 삶을 살아갈 수 있도록 함께하여 주시옵소서. 우리 주 예수 그리스도의 이름으로 간절히 기도드리옵나이다. 아멘.

08

성령이
친히
간구하심

이와 같이 성령도 우리의 연약함을 도우시나니
우리는 마땅히 기도할 바를 알지 못하나 오직 성령이 말할 수 없는 탄식으로
우리를 위하여 친히 간구하시느니라 마음을 살피시는 이가 성령의 생각을
아시나니 이는 성령이 하나님의 뜻대로 성도를 위하여 간구하심이니라
로마서 8:26-27

08

성령이 친히
간구하심

　19세기 남아프리카의 성자로 불리던 앤드류 머레이 목사
는 『나를 허물고 주님을 세우는 삶』(*The believer's secret of the
master's indwelling*)이라는 저서를 통해 성령 안에서 누리는 기
쁨을 간략하게 네 가지로 설명합니다. 함께 생각해 보시기 바
랍니다. 첫째는 예수님과 함께하는 기쁨, 둘째는 죄에서 해방
되는 기쁨, 셋째는 성도들을 사랑하는 기쁨, 넷째는 하나님을
위해 일하는 기쁨입니다.

　성도 여러분, 이러한 영적 기쁨, 신비로운 기쁨은 성령의
사람만이 알고 누리는 기쁨입니다. 여러분은 이런 기쁨을 알
고 누리며 오늘을 살아가십니까? 하나님의 자녀는 성령 받은
사람을 일컫습니다. 얼마나 오랫동안 교회에 다녔는지, 하나

님의 일을 얼마나 많이 했는지의 얘기가 아닙니다. 성령을 받았느냐, 받지 못했느냐가 가장 중요합니다. 보혜사 성령께서 하나님의 자녀 안에 계셔서 날마다 새롭게 하시고 하나님의 은혜와 진리를 깨닫게 하시며 영적 기쁨을 알고 누리게 하십니다. 그러한 체험을 가지고 오늘을 살아가십니까?

실재하시는 성령을 믿는 신앙

데살로니가전서 5장 16절부터 18절에 있는 유명한 말씀입니다. "항상 기뻐하라 쉬지 말고 기도하라 범사에 감사하라." 이 말씀이 내 안에서 이루어지고 성취되려면 오직 예수 그리스도 안에서 성령의 역사를 통해서만 가능합니다. 이것이 하나님의 방식입니다. 성령 충만함을 받아야 항상 기뻐하고 깨어 기도하며 범사에 감사할 수 있습니다. 그래서 그 다음 절인 19절에 성경은 이렇게 기록합니다. "성령을 소멸하지 말며." 성령에 대해서 무지하고 의존하지 않으며 성령의 능력을 소멸하면 하나님이 주시는 복을 누릴 수도 없고 말씀을 들을 수도 없으며 하나님의 은혜를 체험할 수도 없기 때문입니다.

성경은 말합니다. "누구든지 그리스도의 영이 없으면 그리스도의 사람이 아니라"(롬 8:9). 그리스도의 영은 곧 성령을 가리킵니다. '성령이 없으면 하나님의 자녀가 아니다.' 또 성경은 "무릇 하나님의 영으로 인도함을 받는 사람은 곧 하나님의 아들이라"(롬 8:14)고 말합니다. 여기서 하나님의 영은 성령을 가리킵니다. '매일의 삶 속에서 성령의 도우심과 인도함을 받는 사람만이 하나님의 자녀다.' 그것을 우리에게 선포하고 있습니다.

성도 여러분, 성령의 존재와 역사가 실재인 것처럼, 같은 방식으로 사탄의 존재와 역사도 실재한다는 사실을 인식해야 합니다. 왜냐하면 사탄이 성령의 존재와 역사와 능력을 왜곡시키고 방해하기 때문입니다. 그 결과 오늘날 교회와 그리스도인이 잘못된 신앙생활을 하는 것을 너무나 쉽게 발견합니다. 스스로 하나님의 자녀라고 말하면서 성령을 인식하지도 못하고, 성령 충만함을 구하지도 아니하고, 성령께 순종하지도 아니하고, 성령 안에서 기도하지 않습니다. 뭐가 한참 잘못되었습니다. 심지어 교회도 성령 충만해야 하나님의 교회로 세워지는데 성령의 능력보다 인간의 지혜와 능력과 프로그램에 더 의존하고, 하나님의 복음보다 인간의 지식을 더 많이 생각합니다. 이것은 잘못된 것입니다.

한 도둑이 빈집털이 전문가인데, 빈집만 털다가 경찰서에

잡혀 왔습니다. 경찰이 물었습니다. "당신은 어떻게 신통하게 빈집만 텁니까? 빈집인지 어떻게 압니까?" 그러자 이 도둑이 태연하게 이렇게 말하더랍니다. "그것은 간단합니다. 초인종을 눌러보면 알죠. 벨을 눌러보면 압니다." 성도 여러분, 이처럼 성령을 받았는지 받지 않았는지는 서로 신앙적인 이야기를 해보고 함께 잠깐 지내보면 금방 분별됩니다. 그래서 하나님의 사람으로 평생 중국에서 선교사로 헌신한 허드슨 테일러 목사님의 유명한 말이 있습니다. "당신이 성령 충만한 하나님의 자녀인지는 당신의 배우자가 알고, 자식이 알고, 심지어 개나 고양이도 안다." 이거 말 되는 이야기입니다. 성령 충만한 역사가 그 안에 있는지는 그의 생각과 삶을 보면 금방 분별됩니다.

영적이고 인격적인 성령의 역사

성도 여러분, 성령의 역사는 보이지 않는 역사이지만 항상 영적이고 인격적으로 역사하십니다. 이것을 항상 기억해야 합니다. 여기서 빗나가면 아주 멀리 갑니다. 다시 말해서, 성령의 역사는 비인격적인 역사가 아니라는 것입니다. 보혜사 성령께서 우리 안에 계시고 진리의 성령께서 우리 안에 계셔서 영적으로, 인격적으로 우리를 변화시킵니다. 이것이 복음의 선포요, 성경 진리입니다. 그러므로 성령의 역사는 그냥 저절로, 성령 받은 사람은 모든 것이 저절로 다 잘된다는 어림도 없는 얘기하지 마십시오. 무슨 우상을 숭배하는 것도 아닌데, 그럼에도 그렇게 생각하는 사람이 많습니다. 성령 받은 사람은 성령께서 저절로 모든 것을 다 해줄 거라고 생각합니다. 자기는 아무것도 안 하는데, 기도도 하지 않고 하나님의 일에 힘쓰지도 않으며 복음을 묵상하지도 않으면서 성령께서 알아서 해주실 것이라고 생각합니다. 하지만 이는 잘못된 생각입니다. 어림없는 이야기기입니다. 성령에 대한 잘못된 지식입니다.

또한 많은 사람이 성령을 받으면 모든 것이 기계적으로, 마술적으로 이루어진다고 생각합니다. 마치 전기코드에 플러그를 꽂으면 불이 켜지듯이, 이렇게 성령 충만을 위해 기도하고 성령을 받으면 모든 것이 자동적으로 이루어진다고 생각합니다. 하지만 그렇지 않습니다. 성령의 역사는 그런 것이 아닙니다. 또 성령 충만을 받으면 물리적인 기적이 일어나는 체험을 갖게 된다고 말합니다. 이것도 잘못된 것입니다. 그리고 오늘날 많은 교단과 교파가 성령 충만을 방언을 받는 것과 동일시합니다. 그런데 종교개혁자 루터와 칼빈도 안 받은 방언으로 어떻게 성령 충만을 말할 수 있겠습니까! 그런 거 아닙니다. 방언은 신앙이 없기 때문에 신앙을 주기 위해서 필요한 요소일 뿐입니다. 그런데도 이것을 오해합니다. 또한 성령 충만 받으면 무슨 초월적인 능력이 임해서 모든 것이 물리적으로 변하는 것처럼 착각을 합니다. 그것은 바른 신앙생활이 아닙니다.

오늘 우리에게 주시는 하나님의 말씀에 귀를 기울이시기 바랍니다. 집중하시기 바랍니다. 성경은 말합니다. "이와 같이 성령도 우리의 연약함을 도우시나니." 이것은 항상 기억해야 할 말씀입니다. "The Spirit helps us in our weakness." '성령께서 우리의 연약함 속에서 우리를 도와주신다.' 이것은 성령의 인격적인 역사를 말하는 것입니다. '보혜사 성령께서 우리 안에서 우리의 연약함을 도와주신다.' 이것이 복음입니다. 이것은 추상적인 것이 아니라, 실제 하나님의 자녀가 인식하고 누리며 체험하는 사건입니다. 아무나 그렇게 되는 게 아닙니다. 오직 성령 받은 하나님의 자녀에게만 이 놀라운 성령의 역사가 일어납니다. 이것이 복음입니다. 얼마나 기쁜 일입니까! '우리의 연약함 속에서 성령께서 우리를 도우신다.' 항상 기억해야 할 것입니다.

성도 여러분, 인간이란 누구입니까? 인간의 존재를 항상 어떻게 인식하고 살아가십니까? 성경은 우리에게 인간이 참으로 연약한 존재임을 말해 줍니다. 성경 전체를 보십시오. 인간은 참으로 연약한 존재입니다. 하나님과 온전히 바른 관계를 맺지 못합니다. 나약한 존재입니다. 그래서 오늘날 우리가 무엇을 잘못했을 때 흔히 죄라는 말 대신 '약해서 그래, 누구나 약점(weakness)이 있잖아. 그러니까 비난하지 마'라고 말합니다. 누구나 서로 다른 연약함이 있습니다. 없는 척하고 사는 것일 뿐, 항상 존재합니다. 이처럼 인간은 연약한 존재입니다. 그러나 문제는 과학기술 문명이 발달하고 의학이 발전하면서 모든 것을 인간 중심, 인간 주도적으로 생각하는 것입니다. 인간의 존재와 능력을 과대평가하려는 의식이 있어 삶에서 자아실현이 우선시 됩니다. 이것은 인간에 대한 잘못된 인식입니다. 그래서 시련과 재난이 필요한 것입니다. 사람이 온전한 사람이 되기 위해 어려움을 거쳐야 하는 것은, 그 약함이 드러남으로 내가 누구인지를 바로 알게 되기 때문입니다. 여기에 하나님의 경륜이 있습니다.

자, 오늘날 코로나바이러스를 생각해 보세요. 이것이 참 하찮은 것입니다. 그러나 이 바이러스로 인해서 온 세상 사람들이 두려워하고 낙심합니다. 걱정합니다. 인간이 얼마나 나약합니까? 이 코로나바이러스 앞에서 이제 바르게 인식하게 됩니다. 인간의 나약함, 이 연약함을 다시 한 번 깨닫게 됩니다. 그때부터 인간다움이 나타납니다. 역사 안에 수많은 시련과 역경, 때로는 전쟁과 재난과 기근이 있었습니다. 그 안에서 인간은 자신의 존재를 깨닫습니다. 그런즉 우리는 늘 연약한 존재라는 사실을 기억해야 합니다.

인간의 연약함과 신앙생활

자, 그런데 이 인간의 연약함으로 말미암아 종교가 탄생합니다. 항상 이런 방식입니다. 인간이 강하면 종교가 필요 없습니다. 믿지도 않습니다. 반대로 인간이 약한 중에는 너무나 무기력하고 무가치한 것을 경험합니다. 그러니 초월적 능력이 필요합니다. 강한 능력이 요구됩니다. 강한 초월적인 존재가 나를 돌봐주길 원합니다. 이 관계를 깨달은 종교 창시자들이 종교를 만듭니다. 그리고 많은 사람이 스스로의 연약함이 느껴질 때마다 여러 종교에 끌려가게 됩니다. 사실 모든 인간은 기도합니다. 소원을 빕니다. 내가 다할 수 있으면 소원을 빌게 뭐가 있습니까? 그런데 못하니까, 무능력하니까, 연약하니까 그때마다 강한 힘을 필요로 합니다. 그래서 기도합니다. 이런 관점에서 그리스도인도 마찬가지입니다.

성도 여러분, 내가 언제 가장 간절하게 기도합니까? 연약할 때입니다. 병들고 실패하며 힘들 때입니다. 그러니 모든 게 잘될 때는 기도를 잘 안 합니다. 우리의 연약함, 그 자체가 하나님의 창조적 경륜 속에 있습니다. 그래서 종교개혁자 칼빈은 "하나님께서 주신 인간의 본성 중에 종교적 씨앗이 있다"고 말합니다. 그렇기 때문에 연약함, 그 속에서 초월적인 존재를 갈망하게 되고 그 존재가 하나님이어야 합니다. 그런데 때로는 인간이 만든 우상으로 빠지게도 됩니다. 여기에 연약함의 문제가 있습니다. 그럼에도 불구하고 성경은 연약함 자체는 죄가 아니라고 말합니다. 인간은 그런 한계를 갖고 태어난 피조물일 뿐입니다. 문제는 그 연약함이 나를 나쁜 길로 인도하는 것인데, 나로 하여금 죄를 짓도록 유도하는 것이 문제입니다. 실제 무서운 질병에 걸리거나 재난을 겪고 큰 실패를 경험할 때 원망과 불평과 정죄를 하게 됩니다. 어떤 사람은 하나님을 원망합니다. 자신이 하나님께 한 게 아무것도 없는데도 불구하고, 하나님 앞에 바로 설 수 있는 존재도 아님에도 불구하고 원망합니다. 왜 이런 일이 일어납니까? 연약함 때문입니다. 연약함으로 인하여 죄를 짓게 됩니다.

그러므로 연약한 인간의 존재, 인간 안에 있는 이 연약함에 대해 깊이 생각해야 합니다. 오늘날 우리 자신의 모습을 보십시오. 정말 하나님의 뜻대로 바른 기도를 하고 바른 신앙생활을 하기 원하는데, 이게 잘 안 됩니다. 자꾸 무너집니다. 왜 하나님의 자녀임에도 잘못된 기도에 익숙해지고 잘못된 신앙생활을 하며 잘못된 태도로 오늘을 살아가게 됩니까? 성경이 그 답을 말해 줍니다. '연약함 때문이다. 연약함 때문에 빌 바를 알지 못한다.' 연약함으로 말미암아 죄를 짓게 됩니다.

제가 오래전에 알던 이미 돌아가신 한 권사님이 계신데, 그분의 평소 신앙생활 모습에 제가 1등 교인이라고 생각했습니다. 리더십도 좋고, 언변도 좋고, 많이 봉사하고, 열심히 하나님의 일에 애쓰셨습니다. 참 훌륭한 분이라 생각했는데, 문제는 암 판정에 6개월이라는 시한부 인생 선고를 받고 나서 일어났습니다. 나중에 이야기를 듣게 되었는데, 시한부 기간에 그분이 분노와 절망에서 벗어나지 못했다고 합니다. 그 이야기를 듣고 너무 마음이 아팠습니다. 권사님은 '왜 내가 암에 걸립니까? 왜 불신자도 많고, 신앙생활 잘못하는 사람도 많은데 왜 나입니까? 그리고 하나님은 왜 나를 고쳐주지 않습니까?'라고 하나님을 원망했습니다. 그러다 결국 답을 못 얻으니 분노할 수밖에 없었습니다. 참으로 마음이 아팠습니다. 문제의 원인이 어디에 있는 것입니까? 연약함에 빠져 있는 것입니다.

그 연약함의 문제만이 해결되길 바라기 때문에 바른 기도 생활을 못하고, 바른 신앙생활도 하지 못하게 되는 것입니다. 그러므로 연약함 자체는 죄는 아니지만, 이 연약함은 죄의 결과입니다. 하나님과 분리된 결과로 모든 인간은 나약함, 연약함을 갖고 오늘을 살아가게 됩니다. 육체적 연약함, 정신적 연약함, 영적 연약함 이 모든 것이 죄의 결과입니다. 하나님과 분리되었으므로 강건함을 잃어버립니다. 온전함을 잃어버립니다. 그래서 로마서 7장 24절에서처럼 위대한 사도 바울은 노년에 성령 충만하여 깨닫습니다. 그리고 절규합니다. "오호라 나는 곤고한 사람이로다 이 사망의 몸에서 누가 나를 건져내랴." 평생 하나님의 일을 하고 하나님께 헌신했지만, 내 안에 악한 법이 있어 나를 자꾸 죄로 끌어가는 나의 연약함을 발견한 것입니다. 이것이 인간 실존입니다. 성령께서 깨닫게 하십니다. 그리고 거기로부터 새롭게 하시는 것입니다. 이것을 항상 기억해야 합니다.

성경은 연약함의 결과에 대해서 기록하고 있습니다. "우리는 마땅히 기도할 바를 알지 못하나." 왜냐하면 연약함으로 인한 자신의 실패와 역경, 그러한 문제 해결에만 집착하다 보니 나 중심에서 기도하게 됩니다. 하나님 중심이 아닙니다. 하나님의 뜻이 있는지를 생각하지 못합니다. 한낱 종교생활을 하게 됩니다. 그런데 하나님의 자녀에게 주시는 놀라운 선언이 있습니다. 성령께서 도우신다는 것입니다. 성령 하나님께서 성령 받은 하나님의 자녀의 그 연약함을 다 아신다는 것입니다. 당연히 하나님께서 아십니다. 그 속에서 연역함에 굴복하지 않도록, 연약함을 이기고 담대하도록, 강건하도록, 온전한 기도의 사람으로 또 믿음의 사람으로 변화시킨다는 것입니다. 연약한 인간에게 주시는 위대한 복음입니다. '이 모든 것을 아시고, 성령께서 하나님의 자녀를 도우신다.' 이것이 성령의 인격적인 역사입니다. 성령 충만한 자만이 깨닫는 신비이며 하나님의 역사입니다.

인간의 연약함을 도우시는 성령

교회 주일학교에서 있었던 일입니다. 선생님이 아이들에게 누가복음 16장의 부자와 나사로 이야기를 해주었습니다. "부자가 살아서는 호화스럽게 살았지만 죽어서는 지옥에 갔어. 그런데 거지 나사로는 정말 세상에서는 어렵게 거지같이 살았는데 죽어서는 천국에 갔지. 너희들은 어떠한 삶을 살기를 원하니?" 그러자 똑똑한 척하는 아이가 손을 들더니 크게 말했습니다. "저는 살아서는 부자같이, 죽어서는 거지 나사로같이 되고 싶어요." 이것이 인간의 본성입니다. 우리 안에 있는 본성입니다. 왜 그렇습니까? 바로 그 연약함 때문에 그런 소원을 가지고 살아갈 수밖에 없는 것입니다. 그런데 하나님께서 하나님이 부르신 자녀는 이대로 내버려 두지 않으시고 삶에 간섭하시며 인격적으로 다루십니다. '성령께서 도우신다.' 얼마나 위대한 복음입니까!

한 가정에서 엄마가 아이를 보니, 밤에는 예수님께 기도를 하는데 아침에는 기도를 안 하는 것입니다. 그래서 엄마가 "얘야, 너는 왜 밤에 잘 때는 기도하고, 아침에는 기도 안 하니?" 물었습니다. 그러자 아이가 이렇게 말했다고 합니다. "엄마, 밤에는 무섭잖아. 그런데 아침에는 안 무서워." 인간의 연약함은 하나님의 뜻과 상관없이 잘못된 것을 추구하며 갈망하도록 우리를 끌어갑니다. 그러나 하나님의 자녀는 그렇지 않습니다.

오늘 성경은 명백히 선언합니다. 위대한 복음의 선언입니다. "오직 성령이 말할 수 없는 탄식으로 우리를 위하여 친히 간구하시느니라." 이 말씀을 항상 암송하세요. "오직 성령이 말할 수 없는 탄식으로 우리를 위하여 친히 간구하시느니라." 성령의 인격적인, 영적인 역사입니다. 성령은 하나님입니다. 말할 수 없는 탄식, 이것은 사람이 하는 것이지, 하나님이 하는 게 아닙니다. 그러나 그와 같이 그 연약함에 동참하신다는 의미입니다. 안타깝게 지켜보시며 함께하시는 하나님의 마음을 선언하고 있습니다. 성도 여러분, 이 복음을 알고 믿고 체험하며 살아가십니까? 성령께서 내 안에 계셔서 내 연약함을 도우사 강하게 하시고, 담대하게 하시고, 온전한 기도의 사람으로 변화시키는 것을 체험하고 고백하십니까? 이것은 한번 했다고 끝나는 일이 아닙니다. 연약한 존재로 살아가는 한, 죽을 때까지 이런 상황이 나타납니다. "우리를 위하여 친히 간구하시느니라." 오직 하나님의 자녀에게만, 성령 받은 자녀에게만 주시는 하나님의 은총입니다. 그리고 27절에 이렇게 기록합니다. "마음을 살피시는 이가 성령의 생각을 아시나니 이는 성령이 하나님의 뜻대로 성도를 위하여 간구하심이니라." 성령께서 인간의 뜻대로 '수리수리 마하수리' 주문을 외우고 요술을 부리듯 뚝딱거려 다 이루어지는 게 아닙니다. "성령이 하나님의 뜻대로 성도를 위하여 간구하심이니라." 이 말은 하나님의 뜻에서 벗어나 하나님을 멀리하며 허황된 것을 꿈꾸고 잘못된 기도에 익숙한 모습으로 그냥 두신다는 뜻이 아닙니다. 또 '하나님이 있느니 없느니, 하나님은 나를 사랑하시느니 안 하시느니, 도우시느니 안 도우시느니'라고 생각하며 말하는 그런 상태로 내버려 두시는 것도 아닙니다. 우리의 연약함 속에서 우리를 도우셔서 하나님의 뜻대로 기도하게 만들어 가신다는 말입니다. '하나님의 뜻대로 합당한 믿음의 사람으로, 담대한 인생으로 우리를 이끌어 가신다.' 이 얼마나 위대한 약속이며 위대한 복음입니까!

성도 여러분, 성령의 역사 없이는 어느 누구도 온전한 기도를 할 수도 없고 기도의 사람으로 살아가지 못합니다. 휘황찬란하게 미사여구를 많이 써서 감동을 주는 기도를 할지는 모르지만, 그것은 중언부언하는 것이고 하나님이 들으시는 기도가 되지 못한다는 말입니다. 성령이 역사해야만 하나님의 뜻대로 기도할 수 있습니다. 온전한 믿음의 사람으로 승리의 삶을 살아갈 수 있습니다. 성령의 역사가 없이 하나님의 교회는 없습니다. 종교일 뿐입니다. 곧 기독교도 없는 것입니다. 성령의 역사가 있어야만 하나님의 사람답게 살아가고, 하나님의 교회가 하나님의 교회로 든든히 세워집니다.

얼마 전에 방송을 보다가 한번 다시 깊이 생각한 것이 있습니다. 비참한 현실에 대한 것입니다. 오늘날 기독교 국가를 언급할 때면 유럽을 말합니다. 오랜 기간 가톨릭이 거기에 있었고, 종교개혁이 그곳에서 일어났습니다. 그런데 오늘의 현실을 간단하게 말씀드리면, 비참합니다. 가톨릭에서는 한 500년 이상 지은 교회만이 교회일 정도로 그만큼 정성스럽게 오랫동안 지은 성당들이 많습니다. 교회도 그만큼의 기간은 아니어도, 적어도 몇 년간 기도와 열심으로 세워진 큰 교회들이 많습니다. 그런데 다 매물로 나오는 것입니다. 한두 개가 아닙니다. 독일, 프랑스, 영국, 네덜란드, 각 나라마다 가톨릭 성당은 700개씩, 개신교 교회는 500개씩 구글에 매물로 나왔습니다. 왜 그럴까요? 예배자가 없어서입니다. 몇 십 명밖에 안 됩니다. 그러니 유지가 안 되어 팔아 버릴 수밖에 없습니다. 여기서 끝나는 게 아닙니다. 그곳이 슈퍼마켓이나 공공 사무실과 같은 상업기관으로 쓰입니다. 그런데 그 정도면 양호한 것입니다. 이곳이 천장이 높으니까 스트립 바, 나이트클럽, 술집으로 사용되는 것입니다. 이 얼마나 비참합니까! 왜 이런 조짐을 알지 못했고, 왜 이렇게 된 것입니까? 간단합니다. 성령을 의존하지 않아서 그렇습니다. 성령을 의존하지 않아 결국 하나님의 복음이 실종되어 그렇습니다. 하나님보다 과학기술 발전이 더 마음에 든 것입니다. 하나님보다 그쪽을 더 의존한 것입니다. 하나님보다 인간을 더 의존해서 그렇습니다. 이런 현상이 미국이건 한국이건 이미 나타나고 있고, 그 조짐이 많이 보이고 있습니다. 이 해결책은 성령께로 돌아가는 것입니다. 복음으로 돌아가야 합니다. 그 외에 답이 없습니다.

성령에 전적으로 의존하는 삶

성도 여러분, 사도 베드로를 한번 기억해 보시기 바랍니다. 예수님께로부터 3년간을 듣고 배우고 깨달으며 많은 것을 체험했습니다. 하루 24시간을 3년 동안 함께했으니, 그 시간을 오늘날 일주일에 한 번씩 교회 나오는 것으로 계산하게 되면 대략 100년을 다녀도 그 시간이 안 될 것입니다. 그런 엄청난 시간입니다. 그런데 예수님의 십자가 사건 앞에서 예수님을 부인하고 저주하며 도망갑니다. 이유가 무엇입니까? 우리와 같은 연약함 때문입니다. 나약한 본성 때문입니다. 그러나 얼마 후, 성령 충만함을 받은 후에는 완전히 다른 사람이 됩니다. 연약함이 없어진 게 아닙니다. 여전히 연약함을 안고 있는데, 그 연약함 속에서 하나님의 은혜를 충만히 깨달았습니다. 구원의 역사를 몸으로 깨달았습니다. 하나님의 사랑을 체험하게 되었습니다. 이제 그 입을 통해서 하나님의 복음이 선포되고, 그를 통해서 교회와 기독교가 탄생하게 됩니다. 이것이 성령의 역사입니다.

사도 바울을 기억해 보시기 바랍니다. 고린도후서 12장에 보면, 치유 역사를 위해 세 번이나 하나님께 간절히 기도합니다. 아마도 무서운 간질병이나 안질병 등 질병을 갖고 있었는데 기도의 응답을 받습니다. 성경에 이렇게 기록합니다. "내 은혜가 네게 족하다." 그 연약함, 그 상태로 족하다는 말입니다. 그리고 말씀하십니다. "내 능력이 약한 데서 온전하여짐이라." 하나님의 능력은 인간의 약한 데서, 연약함 속에서 온전하여집니다. 우리를 생각해 보십시오. 하나님의 은혜와 사랑은 항상 있는데, 왜 깨닫지 못하는 것입니까? 왜 부족하다고 생각합니까? 아직 자아가 살아 있고 나 중심의 인생을 살아가고 있기에, 자신의 나약함을 아직 분별하지 못하기 때문입니다. 그러나 '꽝' 하고 어떤 사건을 통해서 그 연약함이 드러날 때면, 주님만 보이게 됩니다. 오직 하나님만 추구하는 간절한 기도의 사람으로 변화됩니다. 사도 바울은 말합니다. "나는 크게 기뻐하였느니라." 지금 거의 불치병인 죽음의 병을 안고 있는데도 크게 기뻐한다고 말합니다. 어떻게 그럴 수 있습니까? '그리스도의 능력이 내게 머물기 때문이다.' 그 질병으로 인해서 교만하지 않은 것입니다. 교만할 수가 없습니다. 오직 하나님의 은혜에 붙들려서 은혜와 진리를 깨닫고 복음의 증인으로 살아갑니다. 그리고 그 내용을 편지에 기술합니다. 하나님께서 그 편지를 성경이 되게 하셨습니다. 얼마나 놀라운 성령의 역사입니까!

1967년 이스라엘의 4대 총리로서 연립 내각을 이끌었던 여자 정치가가 있었습니다. 참으로 유명한 그녀는 중동 평화를 위에서 애썼으며 누구보다 열심히 살았고 국민들이 잘 살 수 있도록 최선을 다했습니다. 그녀의 이름은 골다 메이어입니다. 그런데 그녀가 죽은 후에야 12년 동안 불치병인 백혈병을 앓고 있었다는 사실을 알게 되었습니다. 얼마나 고통스러워했겠습니까! 그런데 국민들은 몰랐습니다. 그녀는 백혈병을 앓고 있으면서 이런 말을 했습니다. "저는 제 얼굴이 못생긴 것을 참으로 다행스럽게 생각합니다. 저는 일반적인 다른 사람과 비교해 봤을 때 너무나 못났기에 열심히 기도했습니다. 그리고 부족한 것이 너무 많았기에 정말 최선을 다해 공부했습니다. 나의 이러한 연약함은 나에게뿐만 아니라 이 나라에도 도움을 줄 수 있게 해주었습니다. 우리의 약점과 실망은 곧 하나님의 부르심입니다." 우리의 약점, 우리의 연약함은 하나님의 부르심입니다.

성도 여러분, 성령의 능력과 역사는 실재합니다. 그 안에 우리는 살아갑니다. 성령을 소멸해서는 안 됩니다. 어느 시간도 성령의 역사를 잊고 살아서는 하나님의 자녀로 승리할 수 없습니다. 성령께서 우리 안에서 하나님의 자녀임을 증거하시고, 우리의 연약함을 도우시어 강건하고 담대하게 하시며 하나님의 뜻에 합당한 은혜의 사람으로 변화시킵니다. 거듭 난 하나님의 사람만은 이 사실을 알고 기뻐하며 오늘을 살아 갑니다. 거듭난 하나님의 자녀는 성령의 사람입니다. 성령께 삶을 의탁하지 않고서는, 성령 충만을 받지 않고는 승리할 수 없습니다. 부지불식간에 율법주의에 빠지고 자기 의를 나타 내며 자기 영광에 매이게 됩니다. 그러나 성령 충만함을 받게 될 때는 오직 복음의 증인으로 영적 기쁨을 누리며 오늘을 살 아갑니다. 성령께서는 우리 안에서 연약함을 도우시사 예수 그리스도와 연합하여 그리스도를 따르고 본받으며 하나님의 이름을 영화롭게 하는 삶을 살게 하십니다.

창조주이시며 거룩하신 하나님 아버지, 예수 그리스도를 믿는 하나님의 자녀에게 성령을 선물로 주셨지만, 그 고귀한 선물을 깨닫지 못하고 성령의 존재와 능력에 대한 확신이 없이 살아가며 성령을 아는 지식이 잘못되어 하나님과 아무 상관없는 종교인의 삶을 살아갈 때가 많았음을 고백하오니 불쌍히 여겨주옵소서. 보혜사 성령이시여, 우리 안에 계시어 우리의 연약함을 도우시며 우리를 날마다 새롭게 하시며 그 속에서 우리를 담대하게 하시고 강건하게 하시고 온전하게 하심을 알고 믿고 확신하노니, 주가 부르시는 그날까지 성령의 사람으로 성령 충만함을 받아 그리스도를 본받으며 승리의 삶을 살도록 지켜주옵소서. 이 세상을 향하여, 성령의 역사를 알지 못한 불신자를 향하여 이 놀라운 복음을 선포하고 증거하며 우리 안에 나타난 성령의 역사를 증거하는 권세 있는 삶을 살도록 함께하여 주시옵소서. 주 예수 그리스도의 이름으로 간절히 기도드리옵나이다. 아멘.

09
—

내
증인이
되리라

오직 성령이 너희에게 임하시면 너희가 권능을 받고
예루살렘과 온 유대와 사마리아와 땅 끝까지 이르러
내 증인이 되리라 하시니라
사도행전 1:8

내 증인이
되리라

1968년 스웨덴에서 한 아이가 두 팔이 없고, 왼쪽 다리는 짧은 채로 태어났습니다. 의사가 부모에게 이 아이를 3일 동안이나 보여주지 않을 정도로 상태가 좋지 않았습니다. 그러나 아이의 부모는 하나님이 주신 아이로 확신하며, 정상아와 똑같이 신앙 안에서 양육했습니다. 수영과 피아노, 운전, 성가대 지휘까지 못하는 게 없을 정도로 성장했습니다. 이 아이가 바로 세계인의 마음을 감동시켰던 스페인 가수 레나 마리아입니다. 전 세계 언론은 그녀의 목소리를 천상의 노래라고 격찬했고, 그녀의 인생을 담은 『발로 쓴 내 인생의 악보』는 베스트셀러가 되었습니다.

한 공연에서 사회자가 그녀에게 물었습니다. "당신은 중증 장애 속에서도 어찌 그토록 밝게 살아갈 수가 있습니까?" 그러자 레나 마리아는 망설임 없이 이렇게 대답했습니다. "하나님이 나와 함께하시기 때문입니다. 하나님은 내 삶을 움직이시고, 내가 필요한 것을 채우시며, 내 곁에서 나를 위로하시고, 새 힘을 주십니다. 누군가 내게 주님이 살아 계시고 부활하셨다는 증거를 대라면, 나는 나의 약한 육신과 날마다 찬송하는 내 입술을 당당하게 보여줄 것입니다." 깊이 생각해 보시기 바랍니다.

그리스도인의 보편적 소명

성도 여러분, 중생한 그리스도인은 복음의 증인입니다. 이 세상 속에서 빛의 자녀로 복음을 증거하고 기뻐하며 오늘을 살아가는 사람입니다. 보혜사 성령께서 내 안에 계셔서 예수 그리스도를 따르게 하시고, 주의 나라와 주의 의를 먼저 구하는 삶으로 변화시키셨기 때문입니다. 성령께서 내 안에서 중생의 역사를 일으키셨고, 칭의의 역사를 일으키셨고, 양자됨의 역사를 일으키셨고, 성화의 역사를 일으키고 계십니다. 그리스도를 따르는 삶을 살게 하십니다. 이 모든 일에 증인으로 오늘을 살아가는 사람이 그리스도인입니다.

성도 여러분, 여러분은 복음의 증인입니까? 마이클 그린이 쓴 『초대교회의 복음 전도』라는 아주 유명한 책이 있습니다. 선교학과 전도학에서 필독서로 택하는 책인데, 이 책에서 초기 그리스도인의 특징을 명료하게 지적해 줍니다. "그들은 멸시받고, 조롱당하고, 권리를 박탈당하고, 집과 가족까지 빼앗기는 일이 있어도 복음 전도의 활동을 멈추지 않았다. 심지어 목숨을 위해서 그리스도를 부인하지 않았고, 마지막에는 그들의 죽는 모습을 통해서도 회심자가 생겼다." 그러한 초기 그리스도인의 뜨거운 열정과 복음 전도의 이유를 다음 세 가지로 설명합니다. 함께 생각해 보시기 바랍니다.

첫째, 감사의 마음입니다. 예수 그리스도를 통해 받은 하나님의 사랑에 압도되었기 때문입니다. 새 생명을 주신 주님께 대한 감사와 신앙과 헌신의 마음이 초대교회 당시에 복음 전도의 주요 동기였습니다. 둘째, 책임감입니다. 신앙고백에 걸맞은 삶을 살겠다는 하나님 앞에서의 책임감입니다. 만물을 다스리시는 하나님 앞에서 느끼는 개인적인 책임감과 책무가 복음 전도의 중요한 촉진제 역할을 하였습니다. 셋째, 관심의 마음입니다. 복음을 믿지 않는 자의 상태에 대한 관심이 초대교회 복음 전도의 중요한 원동력이 되었습니다. 불신자들이 하나님의 진노 아래 살아가고 사탄의 유혹에 빠져서 결국은 멸망으로 향하는 비참한 상태를 너무나 잘 알기에 긍휼의 마음으로 관심을 갖고 복음을 전했다는 것입니다.

성도 여러분, 하나님께서 부르신 모든 하나님의 자녀들에게는 보편적 소명이 있습니다. 그것은 바로 하나님에 대한 증인으로 사는 것입니다. 하나님께서 부르셨다는 것을 믿는 자는 부르신 하나님을 찬송하며, 하나님을 증거하며 오늘을 살아가는 것이 마땅합니다. 증인의 방식에는 두 가지가 성경에 나타납니다. 첫째가 존재로 증거하는 것입니다. 언제 어디서나 항상 하나님의 자녀라는, 하나님의 부르심을 받은 자녀라는 정체성을 가지고 살아갑니다. 아브라함의 자녀가 그랬고, 이스라엘 백성이 그랬습니다. 그래서 성전 중심의 삶을 살았습니다. 초대교회에서부터 교회 중심의 삶을 살아갑니다. 그 삶의 방식을 보고 불신자와 우상숭배를 하는 사람들이 저들은 하나님을 섬기는 백성임을, 저들이 믿는 신은 하나님임을 알게 되었습니다.

둘째는 보다 적극적인 방식으로 말로써 선포하고 증거하는 것입니다. 한번 깊이 생각해 보십시오. 내가 정말 그리스도인이고, 하나님의 자녀이고, 내 안에 하나님의 역사가 나타나고, 성령께서 계셔서 나를 중생하게 하시고, 내 안에 복음의 역사가 일어나 내가 변화되고 있다면 이 놀라운 사실을 침묵할 수 없습니다. 가까운 사람부터 전하게 됩니다. 이것이 복음의 증인으로 살아가는 삶의 방식입니다.

예수님은 이 증인된 삶에 대한 방식을 명료하게 계시해 주셨습니다. 십자가를 지시기 전날 중보기도하시면서 하나님의 자녀들을 위하여 이렇게 기도하셨습니다. "그들을 진리로 거룩하게 하옵소서." 그 이유에 대해서 하나님께서 나를 세상에 보내신 것처럼 내가 저들을 세상에 보내었으니 진리로 거룩하게 해달라고 기도하셨습니다. 세상에서 하나님의 자녀로, 증인으로 살아야 하겠기에 진리로 거룩하게 해달라고 기도하신 것입니다.

성도 여러분, 거룩과 증인은 절대적 관계에 있습니다. 내가 하나님의 증인이고 복음의 증인이라고 하면서 거룩을 목적으로 살지 않으면 증인이 되지 못합니다. 오히려 손가락질 받습니다. 거룩을 지향하고 진리 안에 거할 때 복음의 증인으로 담대한 인생을 살아가게 됩니다.

오래전 영국 수상이었던 처칠은 미술에 깊은 조예를 갖고 있었습니다. 어느 날 대회에서 입선한 작품들을 감상하는데, 한 화가가 오더니 아주 불만스럽게 이렇게 말하더랍니다. "수상 각하, 저는 억울합니다. 어떻게 한 번도 그림을 그려

본 적 없는 사람들이 명사라는 이름으로 심사위원이 되어 내 작품을 탈락시킬 수 있습니까?" 이렇게 억울함을 호소하는데 처칠이 웃으면서 조용히 말했답니다. "나는 달걀을 낳아 본 적은 없지만, 싱싱한 달걀과 상한 달걀은 구분할 수 있습니다." 성도 여러분, 내가 복음의 증인인지 나와 내 가족이 알고, 내 지인들이 압니다. 내가 복음의 증인으로 살아가는지를 내가 만난 모든 사람들이 알고 있다는 사실을 기억해야 합니다. 성도 여러분, 정말 복음의 증인으로 살아가고 있습니까?

예수님이 주신 마지막 말씀

본문에는 예수님께서 승천하시기 직전에 주신 최후 계시의 말씀이 기록되어 있습니다. 귀를 기울여 다시 들어보시기 바랍니다. "오직 성령이 너희에게 임하시면 너희가 권능을 받고 예루살렘과 온 유대와 사마리아와 땅 끝까지 이르러 내 증인이 되리라 하시니라." 성도 여러분, 성령의 사람은, 중생한 사람은 이 말씀을 항상 묵상하며, 이 말씀에 이끌려 오늘을 살아가야 합니다. 왜냐하면 성령께서 이 말씀을 깨닫게 하시고, 기억나게 하시며, 이 말씀이 내 안에 성취되게 하십니다. 본문 말씀에서 가장 중요한 키워드는 두 가지입니다. '오직 성령이 임하시면' 그리고 '내 증인이 되리라'는 것입니다. 오직 성령이 임하시면, 성령을 받고 능력을 받으면 그리스도의 증인이 되리라는 이 말씀을 항상 묵상하며, 이 말씀 안에서 살아가는지 스스로를 점검해야 합니다.

성도 여러분, 이 성령의 역사는 본문으로부터 시작되는 게 아닙니다. 이미 설교 말씀 드렸지만, 창세 전부터 성령께서는 역사하셨습니다. 구약에만 아니라 복음서에서도 계시며 활동하셨습니다. 그런데 많은 교인들과 심지어 목회자들까지도, 신학자들까지도 본문의 시점에서부터 성령을 받았다고 착각합니다. 이때부터 성령이 임하시어 그리스도인이 되었고, 거듭난 하나님의 사람이 되었다는 것은 잘못입니다. 예수님께서 굳이 이렇게 말씀하신 데는 목적이 있습니다. 무언가를 크게 강조하시기 위함인데, 이미 예수님께서 제자들에게 성령을 주실 것이라고 부활하신 후에 말씀하셨습니다. 그런데 오늘 다시 부활하시고 승천하시면서 성령이 임하시면 능력을 받아서 내 증인이 되리라고 말씀하신 것은 내 증인이 된다는 것을 강조하시는 것입니다. 실제로 이 말씀대로 성령이 임하시어 능력을 받고 수많은 증인들이 나타납니다. 그리고 그 증인들이 모여 교회가 시작됩니다. 이것이 기독교 역사입니다. 그들의 증인됨의 행적이 사도행전이라는 기록입니다.

그래서 사도행전을 성령행전이라고 부릅니다. 성령이 임하시면 능력을 받아서 내 증인이 되리라고 말씀합니다. 이처럼 사도행전은 처음부터 끝까지 기독교 역사를 말하면서 어느 곳에서든지 하나님의 자녀들이 예수님은 주시라며 십자가와 부활을 증거한 기록을 남긴 것입니다. 이것을 알아야 합니다.

성령께서 능력을 주시고, 성령이 임하시면 권능을 받는다고 하는데, 이것은 신비로운 영적인 사건이며 실제적인 사건입니다. 성령이 임하시면 능력을 받는다고 말씀합니다. 성도 여러분, 그 능력을 받았습니까? 그 능력이 무엇인지를 알며 체험하고 계십니까? 이것은 아주 중요한 문제입니다. 이 능력이 무엇인지를 모르고, 능력을 받지 않았다고 생각한다면, 지금 잘못된 신앙생활을 할 수밖에 없습니다. 내 안에 계신 성령께서 분명히 능력을 주시고, 내 증인이 되리라 말씀하십니다. 정녕 여러분은 이 말씀에 따라 말씀의 수혜자로 오늘 살아갑니까? 깊이 질문해야 할 것입니다.

여기서 권능 또는 능력이라고 번역된 'power'는 결론적으로 영적인 능력이요, 내적인 능력입니다. 내 안에 계시어 나를 중생케 하는 능력, 영생을 주시는 능력, 나 같은 죄인을 의롭다고 칭하시는 능력, 그것을 확신시켜 주는 능력, 미천한 죄인을 하나님의 자녀 되게 하는 능력, 이 정체성을 가지고 살아가게 하는 능력, 이 어두운 세상에 성화의 길을 가는 능력, 거룩을 목적으로 삶을 살아가는 능력, 그리고 그리스도의 증인으로 살아가는 능력, 바로 그 능력입니다. 이는 인격적 변화를 나타내는 능력입니다. 그런데 이 본질에서 벗어나면, 비본질에 초점을 맞추게 됩니다. 그러다 보니 오늘날 많은 교인과 목회자들조차도 성령의 역사에서 완전히 빗나갑니다. '능력을 주옵소서'라고 기도하며 이 능력으로 자기 소원을 이루려고 합니다. 실패에서 성공하고, 병중에서 건강을 회복하고, 자아성취를 이루고, 모든 게 잘되는 그런 것을 생각합니다. 하지만 이런 것이 전혀 아닙니다. 더 나아가서는 세계 평화, 공정과 정의, 번영과 같은 것을 생각합니다. 세상을 개혁하고 개선하며 유토피아를 만드는 것과 같은 능력을 말씀하신 적이 없습니다. 이는 인간의 상상력입니다. 비본질적인 것입니다. 있을 수 있으나, 본질이 아닙니다.

많은 분들이 기도하며 '능력을 주옵소서'라고 외치는 많은 경우, 자신의 뜻과 내 소원을 이루고자 합니다. 그러나 그것이 선이라 할지라도, 복음을 왜곡하는 것입니다. 특별히 오늘날 많은 간증자들의 이야기를 방송이나 예배 중에 듣게 되는데, 여기에 큰 문제가 있습니다. 대부분 그들의 방식은 같습니다. 실패를 경험했습니다. 큰 질병 중에 있었습니다. 큰 위기에 있었습니다. 그런데 성령이 능력을 주셔서 벗어났습니다. 건강을 되찾고 성공했습니다. 너무나 감사합니다. 할렐루야! 여기에 문제가 없는 것 같지만, 본질적인 문제가 있습니다. 성령의 역사를 왜곡하는 것입니다. 즉 그런 일이 나타나지 않으면 성령을 받지 못한 사람이 됩니다. 본질에서 벗어났습니다. 그것은 종교적 방식입니다. 그 체험은 남을 감동시키기는 하지만, 그것이 복음은 아닙니다.

성령이 임하시면

성도 여러분, 복음으로 돌아오십시오. 예수님께서 최후에 주신 말씀으로 돌아오십시오. 성령이 임하시면 능력을 받습니다. 받아야 합니다. 그 능력이란, 결론적으로 나를 변화시킬 능력입니다. 영적인 능력이며 내적인 능력입니다. 이것이 성령의 역사의 본질입니다. 그래서 사도행전은 성령의 역사 가운데 주도적으로 세밀하게 그 상황을 기록했습니다. 예수님이 승천하실 때, 제자들이 마지막으로 한 질문은 참 우문입니다. 보잘것없습니다. 사도행전 1장 6절에 이렇게 기록되어 있습니다. "그들이 모였을 때에 예수께 여쭈어 이르되 주께서 이스라엘 나라를 회복하심이 이 때니이까." 이 말은 '이스라엘이 언제 부강해집니까? 언제 해방됩니까? 언제 자유, 평등, 공정이 일어납니까? 언제 강력한 나라가 됩니까?', 한마디로 로마 같은 강력한 국가가 될 수 있느냐는 질문입니다. 예수님의 제자들인데, 십자가와 부활의 증인들인데 마지막까지 이런 자기 소원을 버리지 못합니다.

이때 예수님이 하신 대답을 들어보시기 바랍니다. "이르시되 때와 시기는 아버지께서 자기의 권한에 두셨으니 너희가 알 바가 아니요." 아주 냉정하게 말씀하십니다. 승천하시면서 '이제 그만 좀 해라' 말씀하는 것과 똑같습니다. 아직도 하나님의 뜻을 분별하지 못하느냐, 아직도 자기 소원에 끌려 하나님의 뜻을 외면하느냐, 아직도 복음을 말하면서 복음의 역사를 왜곡하느냐, 지금 부활하여 승천하는 것을 보면서도 세상에 매여 있느냐는 말씀입니다. 제발 버리라고 하십니다. 그리고 주신 말씀이 8절입니다. "오직 성령이 너희에게 임하시면 너희가 권능을 받고 예루살렘과 온 유대와 사마리아와 땅끝까지 이르러 내 증인이 되리라." 잊어서는 안 됩니다. 여기서 빗나가면 자꾸 다른 유혹을 받아 성령의 역사를 왜곡하게 됩니다. 그러면 저절로 복음을 왜곡하게 되고, 잘못된 신앙생활을 하게 됩니다. 우리 주변에서 이런 함정에 빠진 사람을 많이 봅니다. 성도 여러분, 성령이 임하시면 능력을 받습니다. 그 능력으로 하나님의 뜻이 이루어집니다. 하나님의 약속이 성취됩니다. 놀랍게도 성령이 임하시면 능력을 받아 하나님의 뜻이 내 안에 성취됩니다. 약속이 구체화되고, 사건이 일어납니다. 성령이 임하시면 내가 그리스도의 증인이 됩니다. 이 놀라운 복음의 역사를 체험하며, 이 구원의 역사에 증인으로 오늘을 살아가십니까?

민족대표 33인 중 한 사람으로 3·1운동으로 인해 옥에 갇혔던 이필주 목사님이 계십니다. 이분이 옥에서 깊은 깨달음을 받습니다. 그것을 이렇게 고백하며 기록하고 있습니다. "내가 민족을 위해 할 수 있는 최선이 무엇일까? 곰곰이 이렇게 생각해 보았다. 민족을 돕는 일에는 수백 번이라도 죽을 각오가 되어 있다. 그러나 점점 내게 분명해지는 것은 민족을 위해 아무리 위대한 일을 할지라도 우선 하나님을 구하지 않는다면 모든 게 헛되다는 사실이다. 먼저 하나님을 구해야 진정 우리나라의 축복이 된다는 사실을 가슴 깊이 깨닫게 되었다." 애국, 좋은 것입니다. 국민을 사랑하는 것, 귀한 일입니다. 그러나 그보다 먼저 되어야 할 것은 하나님을 경외하는 백성입니다. 하나님과 바른 관계를 맺는 민족이 먼저입니다. 그래야 복이 되고, 그렇게 하지 않으면 복도 화가 됩니다. 그래서 복음을 먼저 증거해야 됩니다. 이 사실을 알고 성령께

순종하여 복음의 증인으로 살아가는 사람이 하나님의 자녀
입니다.

내 증인이 되리라

특별히 본문 말씀에서 "내 증인이 되리라"는 구절을 항상
기억하십시오. "You will be my witnesses." '너희가 내 증인이
되리라. 그리스도의 증인이 되리라.' 성도 여러분, 성령께서
이 사실을 항상 깨닫게 하십니다. 여기에 집중케 하십니다.
그리고 이 말씀이 우리 안에 사건으로 나타나게 하십니다. 성
령을 받은 중생한 그리스도인에게 주시는 보편적 사명이며
소명입니다. 성령이 임하시면 능력을 받아 내 증인이 되리라
고 말씀하십니다. 여기서 가장 중요한 키워드는 '내 증인이
되리라'입니다. '증인이 되라'가 아닙니다. '증인이 되리라'
입니다. 내 힘과 내 능력으로 증인되는 것이 아닙니다. 된 것
같지만, 결국은 실패할 것입니다. 증인이 되는 방식은 하나
님 주도적입니다. "성령으로 말미암아 내 증인이 되리라." 이
것을 잊어서는 안 됩니다. 그럼에도 불구하고 역사 안에 보면
계속 뭔가 행합니다. 다양한 전도 방법을 시도합니다. 전도
폭발단도 만들고, 제자화도 실시하고, 매주 한 사람씩 데려오

게도 합니다. 그것이 잘못된 것은 아니지만, 교회를 망칩니다. 성령의 역사를 인간이 가지고 놉니다. 증인이 되는 것은 인간 주도적인 것이 아닙니다. 이런 것은 종교 행위일 뿐 사도행전 어디에도 그런 기록은 없습니다. 성령이 임하시면 능력을 받아 증인이 된다는 것을 잊어서는 안 됩니다.

사도들을 보십시오. 예수님의 제자들은 예수님의 십자가와 부활 사건 앞에서 바로 무너집니다. 특히 십자가 앞에서 다 도망갑니다. 부활 사건을 보고도 너무나 부끄러워 고향으로 돌아갑니다. 그런데 이 말씀이 그들에게 임하고 나니, 성령이 임하시어 권능을 받고 그리스도의 증인이 됩니다. 죽기까지 복음의 증인으로 살아갑니다. 이 놀라운 성령의 역사가 성경입니다. 사도행전입니다. 서신서입니다. 당시 초대교회에서 그리스도인들이 무슨 특별한 훈련을 받은 게 아닙니다. 각자의 삶이 다 달랐습니다. 직업도 달랐습니다. 그러나 공통점은 복음의 증인이 되었다는 것입니다. 그 삶 속에서 복음의 증인이었습니다. 환경의 변화가 있었던 것이 아닙니다. 소원이 성취된 것이 아닙니다. 복음의 증인으로 살게 됩니다. 왜냐하면 내가 하나님의 자녀가 되었다는 이 감동과 감격 속에 새로운 정체성을 가지고 복음의 증인으로 살아갈 수밖에 없었습니다.

더욱이 스데반의 순교 사건이 기록됩니다. 스데반이 순교한 후에 감당할 수 없는 박해가 시작됩니다. 로마의 박해 속에 예루살렘 교회가 무너집니다. 그들이 흩어집니다. 고향을 떠나 피난을 떠나고 도망갑니다. 그 과정에서 세상 곳곳, 땅끝까지 이르러 복음을 증거합니다. 그 기록이 사도행전입니다.

좀 더 깊이 생각해 보겠습니다. 그들은 초대교회 교인으로 뜨겁고 열정적으로 교회 중심으로 예배하며 찬송했지만, '땅끝까지 이르러 내 증인이 되리라'를 잊어버렸습니다. 즉 예루살렘 안에 안주했습니다. 그래서 하나님의 주권적 역사 앞에 사탄이 강하게 역사하여 박해를 합니다. 그리스도인을 핍박합니다. 그 속에서 하나님께서 역사하십니다. 그들은 흩어질 수밖에 없었고, 흩어진 그곳에서 비로소 이 말씀이 임합니다. 복음의 증인이 됩니다. 그 사건 자체의 기록이 사도행전과 서신서입니다. 얼마나 놀라운 일입니까! 성도 여러분, 온 세상이 오늘날 코로나바이러스로 인해서 불안해하고 두려움 속에 절망하며 혼란을 겪고 있습니다. 고통 받고 있습니다. 하지만 이 속에서 정말 그리스도인은 빛이 납니다. 중생한 사람은 더욱더 복음의 증인으로 확실한 정체성을 가지고 오늘을 살아가며 담대한 인생을 살게 됩니다.

증인됨의 조건

증인됨에는 조건들이 있습니다. 그 몇 가지가 성경에 기록되어 있습니다. 첫째가 경험입니다. 이론만 가지고는 안 됩니다. 아무리 성경 공부를 해도 소용없습니다. 체험되어야 합니다. 내게 주신 말씀이 사건으로 임해야 합니다. 법정 증인은 이론적인 사람을 데려오는 것이 아닙니다. 목격자를 데려오는 것입니다. 체험한 사람을 데려오는 것입니다. 이처럼 복음의 증인은 복음의 체험자입니다. 살아 계신 예수 그리스도, 십자가와 부활의 체험자입니다. 그 체험자, 중생의 확신을 갖고 하나님의 자녀 되었음을 확신하는 그를 통해서 증거되기 시작합니다. 또 하나는 성령의 역사에 대한 확신이 있어야 합니다. 눈에 보이지 않지만 내가 하나님의 자녀가 되고, 의롭다 칭찬받고, 성화의 길을 갈 수 있고, 하나님께 영광된 삶을 결단할 수 있는 것은 성령의 역사입니다. 이 성령의 역사, 보혜사 성령의 확신이 있을 때 우리는 증인이 됩니다. 그리고 십자가와 부활의 증인으로 오늘을 살아가게 됩니다.

그리고 또 하나는 세상을 향한 긍휼의 마음입니다. 아무리 악이 성행하고, 많은 범죄가 있고, 억울한 일이 있다 할지라도 불신자를 향한 긍휼의 마음을 갖게 됩니다. 이 긍휼의 마음이 없으면 증거하지 않습니다. 증인으로 살아갈 수 없습니다. 박해가 있는 상황 속에서도 그들을 불쌍히 여기는 마음이 생깁니다. 왜냐하면 저들이 하는 짓을 모르기 때문입니다. 하나님을 두려워하지 않습니다. 최후의 심판을 두려워하지 않습니다. 예수님을 구주로 믿지 않습니다. 그러니 자신들이 하는 잘못을 모를 수밖에 없습니다. 오직 긍휼의 마음으로 위하여 중보기도를 하며 사랑을 베풉니다. 그럴 때 복음의 증인이 됩니다. 이웃을 사랑하지 않고서는 복음의 증인이 될 수 없다는 사실을 알아야 합니다. 그래서 성령께서 항상 그런 상황에서 나를 돌아보게 하십니다. 중생하기 이전에 내가 어땠는지, 하나님을 알지 못하고 내 멋대로 살며 하나님을 경외하지 못하고 불순종한 그때를 생각하게 됩니다. 그 모습이 불신자들의 모습입니다. 그렇기에 긍휼의 마음이 생겨 복음을 증거하게 됩니다.

그리고 무엇보다 중요한 것은 용기입니다. 담대함입니다. 생각해 보십시오. 기독교의 과거 역사에서만 아니라, 오늘도 박해가 있습니다. 예수님을 믿으러 가면, 이슬람에서는 바로 감옥에 갇힙니다. 이러한 박해 상황에서 용기가 없으면 입 다물고 맙니다. 입 다물면 증인이 아닙니다. 또한 자기 유익을 추구할 때, 입 다물고 있으면 자기 유익이 되지만, 입을 열어 복음을 얘기하면 손해가 될 수도 있습니다. 그래서 용기가 있지 않으면 복음을 전하지 못합니다. 담대함이 있어야 합니다. 항상 그런 것은 아니지만, 예외적인 상황 속에서 복음을 증거할 때 대가를 지불할 수가 있습니다. 박해가 있을 수 있고, 비난이 있을 수 있고, 억울함이 있을 수 있고, 때로는 광신자라 조롱받을 수도 있고, 더 나아가서 생명을 요구하기도 합니다. 그래서 순교자가 있는 것입니다. 단지 복음을 증거했다는 이유로 순교까지 합니다. 용기가 있지 않으면 못하는 것입니다.

그러나 감사한 것은 이 모든 것이 성령의 역사라는 것입니다. 성령께서 증인의 조건들을 이루어주십니다. 용기를 주시고, 긍휼의 마음을 갖게 하시고, 성령의 확신을 갖게 하시고, 복음을 체험하며 그리스도 안에서 그리스도의 증인으로 살게 하십니다. 그래서 중생한 그리스도인은 항상 성령께 삶을 의탁하며 기도하면서 순종하는 삶을 살아갈 수밖에 없습니다. 예수님께서 내 증인이 되라고 하십니다. 성령으로 말미암아 능력을 주신 목적은 그리스도의 증인이 되게 하심입니다. 그래서 성령의 사람은 항상 예수 그리스도가 누구신지, 무슨 일을 하셨는지를 깊이 묵상하며, 그리스도 안에서 그리스도를 따르는, 그리스도의 마음을 본받는 자로 오늘을 살아가게 됩니다.

새롭게 변화시키는 보혜사 성령

미국의 기독교 작가이며 유명 강사인 조쉬 맥도웰이라는 교수가 있습니다. 그의 체험적 간증입니다. 처음에 그는 기독교를 반박하는 책을 쓰려고 했으나, 도중에 예수 믿고 구원받아 그리스도인이 됩니다. 그리고 성령의 역사를 통해 자신의 좋지 않았던 성격들이 변화되고 아버지에게 전도를 하게 됩니다. 그의 아버지는 알코올 중독자였습니다. 그래서 아들은 아버지를 증오하고, 미움이 가득 찬 상태로 아버지와 단절된 생활을 해왔습니다. 그런데 예수를 믿게 되면서 자신의 모습을 다시 돌아보게 되고, 아버지에 대한 마음이 변화됩니다. 알코올 중독자인 아버지였지만, 아버지에게 "사랑합니다!" 하고 고백합니다. 그리고 아버지를 마주하기 시작했습니다. 마주하여 대화하기 시작했습니다. 그러던 중에 그가 어느 날 교통사고를 당해서 병원에 입원하게 되는데, 아버지가 병문안을 왔습니다. 그때 아버지가 이렇게 말했답니다. "나 같은 아버지를 어떻게 다시 사랑할 수 있게 된 거냐? 참으로 고맙구나." 아들은 대답합니다. "저는 아버지를 증오했습니다. 정말 미워했습니다. 그런데 예수를 영접한 후 말로 다 설명할 수는 없지만, 아버지를 다시 사랑할 수 있는 힘이 생긴 것 같습니다." 아버지는 침묵 중에 이렇게 대답했다고 합니다. "아들아, 만일 그분이 네 삶 속에서 하신 일들을 내 삶 속에서도 하실 수 있다면, 나도 그분에게 기회를 드리고 싶구나."

성도 여러분, 내 안에 계신 보혜사 성령께서 나를 항상 새롭게 변화시키십니다. 성령의 존재와 역사에 대한 분별력을 가지고 바른 인식 속에 오늘을 살아가야 합니다. 성령께서 내게 능력을 주시어 복음의 증인되게 하십니다. 예수 그리스도 안에서 그리스도의 마음을 본받으며, 그리스도를 아는 지식을 갈망하며, 그리스도를 따르는 삶을 살게 하십니다. 그런 삶의 과정에서 우리는 복음의 증인으로 살아가게 됩니다. 성도 여러분, 복음과 나는 이제 절대적 관계입니다. 예수 믿기 전에는 복음이라는 객관적 사실을 생각했겠지만, 이제는 내가 복음을 판단하는 것이 아니라 복음이 항상 나를 판단합니다. '복음의 증인인가? 복음을 생각하고 있는가? 복음의 생각으로 하나님을 소망하며 오늘을 살아가는가?' 복음 앞에 있는 나를 생각하며 오늘을 살게 하십니다. 이것이 성령 주도적인 역사입니다. 세상은 복음에 대해서 무지합니다. 소식은 들었지만, 추상적으로 생각합니다. 예수 그리스도를 믿지 않습니다. 성령의 역사는 도무지 들으려 하지 않습니다. 그러나 우리는 압니다. 중생하기 전에 하나님의 진노 아래 살아가는 미천한 자요, 사탄의 유혹 속에 빠졌던 자요, 사망의 길로 가다 결국은 멸망과 최후의 심판에 이르러야 한다는 이 상황을 분명히 인식하기에 세상을 향하여 담대히 복음을 증거하며 오늘을 살아가게 됩니다.

성도 여러분, 기쁨과 행복이 언제가 최고의 상태입니까? 언제 최상의 기쁨과 만족과 행복을 누립니까? 중생한 사람은 복음의 증인으로 살아갈 때입니다. 예수 그리스도의 증인으로 살아갈 때, 성령이 임하시면 능력을 받아 내 증인이 되리라는 말씀이 내게 성취된 걸 매일매일 확증할 때 참으로 감사하고 기쁜 것입니다. 다른 어떤 사건이 아닙니다. 아직도 이 복음의 증인됨의 사건보다 더 좋고, 기쁘고, 감사한 일이 있다면, 무엇인가 잘못된 것입니다. 잘못된 열정에 이끌린 종교 생활일 뿐입니다.

성도 여러분, 중생한 그리스도인은 복음의 증인입니다. 성령의 사람은 복음의 증인으로 오늘을 살며, 하나님의 은혜와 사랑을 기뻐하며, 하나님의 뜻에 순종하며, 하나님께 영광 돌리는 삶을 살아가게 됩니다.

전지전능하신 은혜의 하나님, 이 땅에 주 성령을 보내시어 주의 복음을 믿게 하시고, 예수를 나의 구주로 영접하게 하시어 예수 그리스도 안에서 성령의 역사로 말미암아 중생의 역사가 나타나며, 칭의의 역사가 나타나며, 양자됨의 역사가 나타나며, 성화의 역사가 나타나는 일의 증인으로 오늘을 살게 해주심을 진심으로 감사드립니다. 이 놀라운 성령의 역사에 이끌리어 성령께 순종하며, 삶을 의탁하여 이 어두운 세상에서 빛의 자녀로 살며, 영 주도적인 인생을 살아 담대한 용기 있는 삶을 통하여 하나님께 영광 돌릴 수 있게 지켜주옵소서. 그리스도를 알지 못하고 복음에 대하여 무지한 이 어두운 세상에, 불신자들을 향하여 긍휼의 마음을 갖게 하시사 깨어 기도하며, 중보기도하며, 언제 어디서나 하나님의 복음을 담대히 증거하는 승리의 삶을 살도록 함께하여 주시옵소서. 주 예수 그리스도의 이름으로 간절히 기도드리옵나이다. 아멘.

오직
성령으로
충만함을
받으라

술 취하지 말라 이는 방탕한 것이니 오직 성령으로 충만함을 받으라
시와 찬송과 신령한 노래들로 서로 화답하며 너희의 마음으로
주께 노래하며 찬송하며 범사에 우리 주 예수 그리스도의 이름으로
항상 아버지 하나님께 감사하며 그리스도를 경외함으로 피차 복종하라
에베소서 5:18-21

10

오직 성령으로
충만함을 받으라

오래전 영국에서 있었던 사건입니다. 존 웨슬리가 성령을 체험하고 강력한 영향을 끼치자 옥스퍼드 대학에서 웨슬리를 초청했습니다. 하나님의 사람 웨슬리는 교수들이 모인 자리에서 '성령 충만함을 받으시오'라는 제목으로 설교를 했습니다. 그러나 영국 최고의 석학인 교수들의 반응을 보니 못마땅한 기색이 역력했습니다. 그래도 웨슬리는 물러서지 않고 담대하게 말씀을 전했습니다. "교수님들, 생각해 보십시오. 예수님의 제자들은 예수님을 만났고, 예수님과 함께했으며, 예수님과 함께 식사했고, 예수님이 행하신 기적을 눈으로 목격한 사람들입니다. 그런데도 예수님께서는 제자들에게 성령을 받으라고 명령하셨습니다. 제자들은 예수님의 명령을 따라 예루살렘에 머물며 성령이 임하시기를 기다렸고, 오순절 날 성령 충만함을 받아 완전히 새로운 사람이 되었습니다. 그들이 외치자 3천 명이 회개하며 하나님께로 돌아왔고, 교회가 탄생했습니다. 그런데 옥스퍼드 대학의 교수 여러분, 당신들은 예수님을 직접 만난 적이 있습니까? 함께한 적이 있습니까? 함께 식사한 적이 있습니까? 예수님이 행하신 기적을 직접 목격한 적이 있습니까? 예수님을 만나고, 함께 먹고, 기적을 목격했던 제자들도 성령이 임하시어 권능을 받은 후에야 하나님의 자녀로 승리하며 수많은 영혼을 건질 수 있었습니다. 그렇다면 당신들이야말로 성령 충만함을 받아야 하나님으로부터 쓰임을 받을 수 있지 않겠습니까?" 웨슬리의 설교를 들은 교수들의 마음이 깨졌습니다. 이제 그들은 성령 충만함을 갈급한 심령으로 간구하게 되었고, 그 후에 옥스퍼드 대학에 성령운동이 일어났습니다.

성도 여러분, 성령의 충만함을 받았습니까? 성령의 충만함을 받고자 항상 깨어 기도하며 오늘을 살아가십니까? 성령 충만함이 어떠한 상태이며, 어떻게 받는 것이며, 무엇을 의미하는지를 알고 체험하며 오늘을 살아가십니까? 나 같은 죄인에게 성령 충만함이 일어날 가능성이 확실히 있음을 믿고 오늘을 살아가십니까? 성도 여러분, 정말 오직 하나님께 영광 돌리며, 예수 그리스도 안에서 주와 동행하며, 그리스도를 아는 지식의 충만함에 이르며, 성령의 열매를 맺기를 진실로 원한다면, 먼저 성령 충만함을 받아야 합니다. 이것을 항상 기억해야 합니다.

성령 충만함의 목적

조쉬 맥도웰의 『하나님에 관한 불변한 진리』라는 책에서 성령 충만함을 통해 주시는 다섯 가지 삶의 유익을 간략하게 설명해 줍니다. 첫째, 하나님과 하나 되게 해주십니다. 성령이 우리에게 오셔서 우리와 하나님과의 사이에 친밀한 하나 됨의 관계를 맺어주십니다. 둘째, 그리스도를 닮게 해주십니다. 그리스도인의 삶은 예수님처럼 행동하는 것이 아니라, 예수님 안에 또한 그분과 함께 거하는 것입니다. 셋째, 성경의 진리를 밝혀주십니다. 진리의 영이 내 안에 오시면 성경을 통해서 하나님의 말씀을 깨닫고 듣게 하시며, 그 말씀에 따라 살아가게 인도하십니다. 넷째, 섬길 힘을 주십니다. 성령은 우리에게 하나님의 일을 할 능력을 주십니다. 다른 사람을 섬기고, 복음을 전파하고, 하나님의 영광을 위해 놀라운 일을 행할 힘을 주십니다. 다섯째, 삶의 의미를 부여해 주십니다. 성령은 우리로 하여금 인생의 목적을 이루게 하십니다. 거룩을 지향하게 하시며, 거룩함을 이루게 하시며, 온전히 하나님께 영광 돌리는 삶을 살아가게 하십니다.

성도 여러분, 그럼에도 불구하고 성령 충만은 구원의 조건이 아닙니다. 이것을 분별해야 합니다. 구원은 오직 하나님의 은혜로 말미암아 믿음으로 받습니다. 성령 충만은 영적 은사입니다. 하나님의 자녀에게만 특별히 주시는 영적 은사입니다. 이 세상에서 하나님의 자녀답게 주와 동행하며, 하나님의 일에 힘쓰며, 하나님께 영광 돌리게 하시는 특별한 은총입니다. 성경은 성령 충만의 목적을 다음과 같이 제시합니다.

첫째, 특별한 사명을 이루기 위해 특정한 사건 속에서 주십니다. 그래서 그때마다 주시고, 임시로 주시는 은총입니다. 대표적으로 사도행전 2장에 나타난 사건을 들 수 있습니다. 베드로가 성령 충만하여 수많은 군중 앞에서 담대하게 하나님의 복음을 전파하며 설교합니다. 그 사건 이전에 베드로는 많은 군중 앞에 설 수 있는 용기가 없었던 사람입니다. 무슨 말을 해야 할지 모르는 사람이었습니다. 더욱이 십자가 사건 이후에는 부끄러워 사람들을 피하여 고향으로 내려가기도 하고 골방에 있기도 했습니다. 그런데 성령 충만함을 받고 나니 성령께 포로 되어 온전히 십자가의 복음을 전파합니다. "예수는 주시다"라고 살아 계신 그리스도를 전파합니다. 그 설교로 인하여 3천 명이 넘는 중생한 그리스도인이 갑자기 나타났고, 그들로 인하여 그리스도의 몸 된 교회인 초대교회가 탄생했습니다. 기독교가 시작되었습니다. 이처럼 특별한 임무를 특별한 사건 속에서 이루어지게 하여 그리스도의 몸 된 교회와 기독교를 시작하게 하시려고 성령께서 베드로를 고용하시어 성령 충만함으로 하나님의 뜻을 이루십니다.

둘째, 하나님의 자녀로 이 땅에서 살아가는 동안에 지속해서 기쁨을 누리며 승리하게 하시려고 주시는 은총입니다. 세상 속에서 세상에 물들지 않고 오직 하나님께 영광 돌리며 성령의 열매를 맺게 하십니다. 오늘 본문에 나타난 성령 충만은 바로 이 두 번째에 해당합니다. 우리 일상에서도 그렇지만, 기독교 역사 안에서 보면 성령 충만을 왜곡시키고 오해하여 잘못된 신앙생활을 하는 경우가 너무나 많습니다. 이것을 분별해야 합니다.

먼저, 방언입니다. '성령 충만은 방언이다. 방언 받은 것이 성령 충만이다.' 이런 교단과 교파가 많이 있습니다. 거짓입니다. 고린도전서 12장부터 14장까지에서 방언에 대한 은사를 잘 설명하고 있습니다. 방언은 수많은 은사 중 하나지, 그 자체가 성령 충만은 아닙니다. 이것은 성령 충만을 왜곡하는 것입니다. 또한 성령 세례입니다. '성령 충만이 성령 세례이고, 성령 세례를 받아야 성령 충만한 것이다.' 이 또한 거짓입니다. 세례는 오직 하나입니다. 삼위일체 하나님의 이름으로 받는 것으로, 성령의 역사 안에서 믿음으로 받습니다. 또한 성령 충만을 외부적인 새로운 강한 능력이라고 믿는 사람이 너무나 많습니다. 그래서 성령 충만을 받으면 한마디로 슈퍼맨 같은 존재가 된다고 봅니다. 없던 능력이, 신적 능력이 생긴다는 것입니다. 그래서 성령 충만을 구합니다. 이것은 잘못된 종교생활입니다. 그리고 성령 충만을 통해서 내 뜻을 이루고, 소원을 성취하고자 합니다. 이것도 잘못입니다.

성령께 사로잡힌 삶

성령 충만은 오로지 성령이 충만해져서 성령께 사로잡히는 것입니다. 성령의 강한 영향력이 내 삶 전체에 나타나는 것입니다. 그래서 성령께 인도함을 받으며 성령께 순종하여 영 주도적인 삶을 살아가며, 예수 그리스도 안에서 그리스도를 아는 지식의 충만함에 이르며, 그리스도를 따르는 삶을 살아가는 것을 의미합니다. 성령 충만은 삶 속에서 먼저 죄의 문제를 해결하게 합니다. 나의 의지와 결단으로는 죄의 문제를 절대 해결하지 못합니다. 그러나 성령 충만함을 통해서 죄의 문제가 해결되는 것을 체험하게 됩니다. 적극적으로는 성령 충만하여 하나님의 일에 힘쓰며 하나님께 영광 돌리는 삶을 살아가게 됩니다. 성령 충만함을 통해서 성화의 삶을 살면 거룩함이 성취되고 복음으로 승리하게 됩니다. 과연 성도 여러분은 성령의 충만함을 받은 자로 오늘을 살아가고 있습니까?

우리에게 주시는 하나님의 말씀은 이것입니다. "오직 성령으로 충만함을 받으라." 오직 성령 충만함을 받으라고 말씀하십니다. 성도 여러분, 이것은 하나님의 명령입니다. 하나님의 자녀에게, 중생한 하나님의 자녀에게 주시는 하나님의 명령입니다. 그리고 이 말씀은 단 한 번 세게 받으라는 것이 아닙니다. 성령 충만함은 한 번 받았다고 계속, 저절로 되는 것이 아닙니다. 하나님의 자녀 된 중생의 역사는 단 한 번의 역사로 계속 이어지지만, 성령 충만함은 계속해서 받아야 합니다. 그런고로 성령 충만함을 받으라는 것은 지속하여 일상에서 성령 충만함을 갈망하며 간구하라는 말씀입니다. 그리고 성경은 '성령 충만하라'고 말씀한 것이 아닙니다. 성령 충만함을 받으라고 말씀하셨습니다. 다시 말해서 나의 능력과 의지로, 열정으로는 성령 충만함을 받을 수 없다는 것입니다.

그것은 종교입니다. 반면에 복음은 성령 충만함을 받으라고 합니다. 이것은 하나님의 자녀에게, 중생한 그리스도인에게 주시는 하나님의 특별한 선물이기 때문입니다.

그러면 어떻게 해야 성령 충만함을 받을 수 있습니까? 오늘날 많은 사람이 금식기도를 하고, 40일을 철야로 기도하는 등 기도만 하면 된다고 합니다. 아니면, 수동적으로 기다리기만 합니다. 그것은 잘못된 방법입니다. 성령 충만함을 받으려면, 먼저 성령 충만함을 간절히 갈망해야 합니다. 내 삶 속에 가장 우선되는 소원이어야 됩니다. '성령 충만함을 항상 내게 주옵소서. 일상에서 항상 충만한 가운데 살게 하옵소서.' 간절히 기도하고 소망해야 합니다. 그리고 이미 내게 주신 하나님의 은혜를 깊이 묵상하고, 복음의 증인으로 오늘을 살아가야 합니다. 그러는 중에 성령 충만함이 현장에서 특별한 시간에 내게 나타나게 될 것입니다. 그래서 성령 충만함을 갈망하는 자는 항상 성령께 기도하고 순종하며, 성령께 삶을 의탁하면서 오늘을 살아가게 됩니다.

소극적 차원에서의 성령 충만

그리고 성령 충만함의 결과가 무엇인지를 알아야 합니다.

성령 충만이 무엇을 의미하고, 어떻게 인식하며 분별할 수 있는가를 확증하면서 오늘을 살아가야 합니다. 성령 충만함은 무엇이고, 어떻게 일어나는 것입니까? 어떤 상태를 의미합니까? 그 질문의 답이 본문 말씀에 있습니다. 먼저 소극적 차원에서 성경은 이렇게 말씀합니다. "술 취하지 말라 이는 방탕한 것이니라." 성도 여러분, 오늘날 복음이 왜곡되는 시대를 살고 있는데, 가장 남용되고 오용되는 성경 말씀 중 하나가 바로 이 본문입니다. "술 취하지 말라." 이것은 술 먹는 사람에게 술 취하지 말라거나 술 마시지 말라는 의미로 쓴 말씀이 아닙니다. 본문은 성령 충만함을 설명하기 위해 성령 충만함을 술 취함과 비교해서 설명한 것입니다. 주제는 성령 충만입니다.

예수님의 일생을 생각해 보십시오. 예수님은 항상 포도주를 가까이하셨습니다. 요즘 말로 술을 굉장히 좋아하셨던 것 같습니다. 그래서 별명도 술을 좋아하는 사람입니다. 가나의 잔칫집에 술이 없을 때 기적을 통해서 술을 만들어주신 분입니다. 그러니 술을 먹으면 경건한 그리스도인이 아니라고 말하는 것처럼, 술을 먹는 것과 같은 기준은 경건과 관계가 없습니다. 술과 아무 관계가 없습니다. 술은 음식이고 문화입니다. 오히려 의사들 중에는 필요할 때 적당히 마시는 것이 좋다고 이야기하기도 합니다. 따라서 성령 충만함을 술 취함과 비교한 것은 그렇게밖에 설명할 수가 없기 때문입니다.

성령 충만과 관련해서 사도행전 2장에 한 사건이 기록되어 있습니다. 13절입니다. "그들이 새 술에 취하였다 하더라." 성령 충만함이 나타나서 하나님의 사람들이 방언을 하는 사건입니다. 그런데 이 방언은 고린도교회에서 나타난 방언과는 다릅니다. 고린도교회에 나타난 방언은 오늘의 방언과 같은 것으로, 무슨 말을 하는지 알아들을 수가 없는 방언입니다. 그래서 자제하라고 말씀합니다. 하지만 사도행전의 방언은 차원이 다릅니다. 누군가 하는 방언이 각 나라 사람들에게 자기 언어로 들렸다는 것입니다. 얼마나 좋습니까? 외국어를 잘 못할 때, 외국에서 한국어로만 설교해도 다 각자 자기 나라 말로 듣는다면 얼마나 좋겠습니까? 그런데 오순절 성령으로 인한 방언 사건은 다른 차원입니다. 이 일을 놓고 너무나 신기한 일이 벌어졌습니다. 이것을 놓고 세상 사람들이, 성령을 받지 못한 사람들이 뭐라고 말했는지 기록합니다. "저들이 술 취했다." 다른 말로 설명이 불가능해서 그렇게 말한 것입니다. 그래서 본문 말씀은 술 취함, 술과 성령을 비교하여 성령 충만을 설명합니다.

보십시오. 술 취했다는 것이 무엇을 의미합니까? 술의 영향력에 들어갔다는 것입니다. 술 마셔본 적 있으십니까? 술을 마시면 기본적으로 내 안에 있는 생각하는 기능, 느끼는 기능이 상승합니다. 향상됩니다. 평소와 좀 다릅니다. 그리고 술 마시면 기분이 좋아집니다. 때로는 기쁨을 얻기도 합니다. 또한 술을 마시면 아주 사교적으로 됩니다. 평소에 말이 없다가 말을 많이 하기도 합니다. 때로 술을 마시면 아주 용기가 생깁니다. 이런 현상만 봐도 보통 때와 다른 이상한 행동이 나타나는 것을 느낄 수 있습니다. 그럴 때 우리는 "어, 저 사람 술 취했구나! 술 먹었구나!" 이렇게 말합니다. 마치 성령 충만한 상태가 이와 같다는 것입니다. 그러나 술 취하는 것은 안 됩니다. 왜냐하면 방탕한 것이니까요. 하지만 술을 마시지 말라는 얘기가 아닙니다. 방탕하게 술 취하지 말라는 것을 성경은 말씀합니다.

이제 성령 충만하면 비슷한 상황이 벌어집니다. 그게 가장 효과적인 이해를 돕는 용어입니다. 마치 술을 적당히 마신 것처럼 모든 기능이 올라갑니다. 향상됩니다. 성령 충만하면 즐겁습니다. 기쁨으로 충만해집니다. 그리고 결과는 오직 하나님께 영광 돌리는 일을 하게 됩니다. 술 취하면 방탕하고, 하나님을 욕되게 합니다. 비슷한 것 같은데, 결과는 하늘과 땅 차이입니다. 그래서 성령 충만을 가장 이해하기 좋게 술 취함에 빗댄 것입니다. 왜요? 세상은 그렇게밖에 이해가 안 되기 때문입니다. 우리가 가장 식별하기 좋은 것이 바로 그것입니다. 마치 술 취한, 그러한 유사한 기능이 내게 나타납니다. 그것이 성령 충만의 상태입니다.

적극적 차원에서의 성령 충만

그리고 적극적인 차원에서는 19절부터 21절까지에서 이렇게 설명합니다. 베드로를 한번 생각해 보십시오. 성령 충만하여 어떤 일이 벌어질지 모르는데, 많은 군중 앞에서 전혀 두려워하지 않고 담대하게 복음을 전하며 설교합니다. 그 당시는 예수님을 믿는 자를 박해하던 시대입니다. 그래서 십자가 사건 앞에서 도망가던 베드로였습니다. 그러나 이제는 두려움이 없습니다. 살든지 죽든지 문제가 되지 않습니다. 성령께 포로가 됐습니다. 복음에 사로잡혔습니다. 오직 하나님의 복음만을 전합니다. 살아 계신 그리스도를 눈에 보듯이 예수 그리스도를 증거합니다. 이것이 성령 충만입니다. 일상에서와 전혀 다른 모습은 세상 사람이 보기에 술 취한 자와 같은 행동으로 보입니다. 사도행전 4장에 보면 산헤드린 공회 앞에서 베드로는 전혀 두려워하지 않습니다. 그 공회는 예수님을 십자가에 못박아 처형하도록 결정한 장소입니다. 그런 무시무시한 권세가 있는 장소입니다. 그럼에도 베드로는 마치 예수님이 눈앞에 계신 것처럼, "주 예수 그리스도를 믿어라. 십자가 복음을 믿어라. 너희들이 죽인 예수님을 하나님께서 살리셨도다"라며 담대하게 복음을 전합니다. 이것이 성령 충만입니다. 일상적 행위에서 벗어난, 어떻게 보면 상당히 높아지고 향상된 상태에서 오로지 복음을 전합니다.

그것을 구체적으로 진술합니다. 먼저 "너희의 마음으로 주께 노래하며 찬송하며"(19절). 그렇습니다. 성령 충만하면 오직 주께 찬송하며 노래합니다. 사람에게 보이려고 하는 것이 아닙니다. 아무리 사람이 내 주변에 많아도 전혀 개의치 않습니다. 오직 살아 계신 예수 그리스도께 찬송하며 경건한 마음과 기쁨으로 주를 찬미하게 됩니다. 그것이 성령 충만한 상태입니다. 그리고 "범사에 항상 아버지 하나님께 감사하며"(20절). 이것이 성령 충만입니다. 성령 충만함으로 하나님의 아들, 자녀 됨의 정체성이 분명해집니다. 아버지 하나님께 감사합니다. 오직 하나님의 은혜에 붙들립니다. 충만하기 이전에도 은혜를 알고 은혜에 감사기도 합니다. 그러나 성령 충만이 임하면 오직 은혜에 붙들립니다. 다른 것이 보이지 않습니다. 다른 상황이 별다르게 여겨지지 않습니다. 은혜에 사로

잡힙니다. "아, 나 같은 죄인이 구원받았구나! 중생의 역사가 일어났고, 칭의의 역사가 일어났고, 자녀 됨의 역사가 일어났고, 그래서 성화의 길을 추구하며 증인으로 살아가는구나!" 특별히 성령의 존재와 역사에 대한 확실한 확증이 생깁니다. 그러고 보니 이 모든 것이 하나님의 은혜입니다. 이렇게 불평등하고 불의한 세상에 살지만, 이 모든 것이 하나님의 은혜입니다. 그리고 오로지 하나님께 감사합니다. 이것이 성령 충만한 상태입니다.

그리고 성경은 말씀합니다. "그리스도를 경외하므로 피차 복종하라"(21절). 십자가에 죽으신 그리스도, 그 이상으로 넘어갑니다. 부활하시고 살아 계신 그리스도가 내 안에 주로 나타나게 됩니다. 그 순간 자기가 부인됩니다. 자기의 서원, 이기적 탐심이 다 사라집니다. 오직 살아 계신 그리스도만을 바라보며, 소망하며, 경외하게 됩니다. 그 그리스도께 순종하며, 그리스도의 영광을 나타내는 삶을 살아가게 됩니다. 이것이 성령 충만입니다. 그래서 예수 그리스도 안에서 연합하여 서로에게 복종하라고 하십니다. 성도의 교제를 귀히 여기며, 이웃에게 사랑의 종으로 섬기며, 긍휼을 베풀며, 은혜를 나누며 살아가게 됩니다. 이것이 성령 충만입니다. 성령 충만한 상태를 얼마든지 분별하고 인식하며 오늘을 살아가게 됩니다.

사도 바울을 한번 기억해 보십시오. 그는 성령 충만하기 이전에 성경을 깊이 알며, 성경 말씀에 따라 살아가기를 간절히 소원하던 사람입니다. 의로는 흠이 없고, 가장 도덕적인 사람이었음을 성경은 진술하고 있습니다. 그러나 교회를 핍박합니다. 예수 그리스도를 부정했습니다. 하지만 성령 충만함을 받고 보니 완전히 다른 사람이 됩니다. 특별히 사도행전 16장에 보면, 유럽 최초의 도시인 빌립보에 가서 복음을 전하는데, 귀신 들린 여종을 치유해 줍니다. 그런데 복음을 전하고 선행을 했다는 이유로 그에게 돌아온 것은 군인들에게 체포되어 매를 맞고 쇠사슬에 묶여 감옥에 갇히는 것이었습니다. 이렇게 부조리하고 불의한 세상이 어디 있습니까? 이쯤 되면 원망과 불평으로 가득 차는 게 맞는데 성경은 기록합니다. "한밤중에 바울과 실라가 기도하고 하나님을 찬송하매 죄수들이 듣더라"(행 16:25). 성령 충만함으로 성령께 포로되어 성령의 영향력이 삶 전체에 나타나기 시작합니다. 얼마나 감사하고 기쁜 일입니까! 그래서 항상 성령 충만함을 기도하며 살아가게 됩니다.

더욱이 빌립보서에 보면, 바울은 감옥에 갇혀 언제 죽을지 모릅니다. 그러나 선언합니다. "주 안에서 항상 기뻐하라 내가 다시 말하노니 기뻐하라"(빌 4:4). 감옥에서 언제 죽을지 모르는데, 그 위험이 없어진 게 아닌데 그런 말을 합니다. 대신 그 속에서 복음의 역사의 중심에 선 자기 자신을 보게 됩니다. 지금 복음으로 말미암아 핍박받고 있습니다. 복음 안에서 하나님의 영광을 보며 그는 말합니다. "주 안에서 기뻐하라." 이것이 성령 충만한 상태입니다. 성도 여러분, 이런 성령 충만함을 체험하며, 간절한 심령으로 간구하며 오늘 살아가십니까?

성령 충만한 그리스도인의 삶

하나님의 사람인 무디 목사님의 유명한 일화입니다. 그가 언젠가 설교 도중에 성도들에게 질문했습니다. "제가 지금 유리컵을 들고 있습니다. 어떻게 하면 이 유리컵 속 공기를 다 빼낼 수 있습니까?" 그러니까 한 사람이 "그거 공기 펌프로 빼내면 됩니다"라고 간단하게 말했습니다. 그때 무디 목사님이 대답합니다. "공기 펌프로 빼면 진공상태가 되어서 이 유리컵이 깨지고 맙니다. 다른 방법을 얘기해 보세요." 많은 답변이 있었지만, 다 빗나갔습니다. 이제 무디 목사님이 웃으시면서 옆에 있던 주전자를 들고 물을 컵에 가득 부었습니다. 그런 상태로 컵을 들고 이렇게 말했답니다. "자, 보십시오. 컵 안에 공기가 조금도 남아 있지 않습니다. 물을 가득 채우면 공기는 빠져나가게 되어 있습니다. 그리스도인의 삶에서 죄를 제거하는 방법도 마찬가지입니다. 우리의 의지로 우리의 삶에서 죄를 몰아내려 하면 실패할 수밖에 없습니다. 우리가 성령으로 충만해질 때, 우리의 삶에서 죄는 자연스럽게 물러가게 됩니다."

성도 여러분, 성령 충만한 사람은 성령께 순종하며 오늘을 살아갑니다. 중생한 그리스도인의 새로운 삶의 방식입니다. 중생하기 전, 성령을 받기 전에는 세상적 관점으로 살았고, 나의 판단과 지식에 이끌려 살았습니다. 그러나 이제는 오직 성령께 삶을 의탁하며 성령의 방식으로 살아갑니다. 이것은 하나님이 주시는 완전히 새로운 삶의 방식입니다. 그런고로 성령의 사람은 말합니다. '성령은 나의 삶입니다.' 믿음의 대상 차원만이 아니라, 보혜사 성령이 내 안에 계시므로 중생한 그리스도인은 성령이 삶 자체라고 말하게 됩니다. 그래서 성령의 사람 사도 바울은 갈라디아서 5장 16절에서 이렇게 전파합니다. "너희는 성령을 따라 행하라 그리하면 육체의 욕심을 이루지 아니하리라."

성도 여러분, 삶 속에서 항상 보혜사 성령을 기억하시기 바랍니다. 보혜사 성령께서 내 안에 거하시어 성령 충만함을 받게 하십니다. 보혜사 성령은 항상 인격적으로 역사하십니다. 그런고로 성령 충만함은 인격적 역사입니다. 성령 충만할 때 내 인격의 놀라운 변화와 역사가 나타납니다. 성령께 사로잡혀 성령의 영향력이 내 삶 전체에 나타남을 체험하게 됩니다. 그래서 성령의 인도하심을 받아 영 주도적인 삶을 살며, 오직 예수 그리스도를 바라보며, 예수 그리스도 안에서 그리스도를 아는 지식의 충만함에 이르며, 그리스도를 따르는 삶을 실천하게 됩니다. 성령의 역사가 없이, 성령 충만하지 않고는 이 세상에서 승리할 수 없습니다. 죄의 문제를 해결할 수도 없고, 오로지 하나님께만 영광 돌리는 삶을 살아갈 수 없습니다. 영광 돌린다고 하지만, 결과는 잘못되게 나타납니다. 성령 충만해야 하나님께 영광 돌리는 삶을 구체화하며, 놀라운 열매를 맺게 됩니다.

예수님의 인생을 한번 생각해 보십시오. 처음부터 끝까지 성령 충만입니다. 성령 충만하여 성령으로 잉태하여 성육신으로 나타났습니다. 성령 충만하여 많은 이적을 행하고, 하나님의 복음을 권세 있게 가르쳤습니다. 성령 충만하여 십자가의 길을 아버지께서 내게 주신 길로 영접하며 믿음으로 나아가 십자가에 죽으십니다. 그리고 성령 충만하여 성령의 능력으로 부활하시게 됩니다. 성경은 그렇게 기록합니다. 이제 이 삶을 기억한 제자들이 성령 충만함을 받고 나서 오직 성령 충만함을 구하며 성령의 사람으로 살아갑니다. 언제 어디서든, 어떤 박해와 질병이 있든 복음의 증인으로 하나님의 뜻을 분별하며 하나님께 영광 돌리는 삶을 살아갑니다.

초대교회의 역사에 나타났던 순교자들을 생각해 보십시오. 가장 큰 박해를 받고 생명의 위협을 받을 때도 예수님을 부인하지 않았습니다. 주님이라고 고백함으로 원형 경기장에 끌려갑니다. 성령 충만함이 나타나 그들 모두가 예수님을 찬송하고 하나님께 감사하며 천국에 들어갑니다. 그것을 목격한 불신자들이 엄청난 충격을 받습니다. 성도 여러분, 삶 속에서 성령 충만함을 갈급한 심령으로 구하며 성령 충만함을 체험한 적이 있으십니까? 중생한 그리스도인은 반드시 성령 충만함을 받아야 합니다. 이 어두운 세상 속에서 복음의 빛을 전하며, 영 주도적인 삶을 살며, 영생의 빛을 발하며, 하나님의 일에 힘쓰며, 하나님께 영광 돌리는 승리의 삶을 살아가야 하는 것입니다.

전지전능하신 은혜의 하나님, 험악한 세상에 살면서 세상적 관점에 이끌릴 때가 많지만, 주의 복음을 믿음으로 하나님의 자녀 됨의 정체성을 찾아 성령께 삶을 의탁하여 삶 속에서 성령 충만함을 받아 승리의 삶을 살게 해주심을 진심으로 감사드립니다. 성령이시여, 보혜사 성령이시여, 하나님의 자녀 안에 계심을 확신하오니 우리 기도를, 갈급한 심령을 긍휼히 여기시사 삶 속에서 성령 충만함을 받아 예수 그리스도를 아는 지식의 충만함에 이르고, 그리스도를 따르는 삶을 통하여 하나님과 동행하며, 하나님이 주신 복을 누리며, 하나님께 영광 돌리는 승리의 삶을 살아갈 수 있도록 항상 함께하여 주시옵소서. 우리 주 예수 그리스도의 이름으로 간절히 기도드리옵나이다. 아멘.